B. Sharon Byrd † / Matthias Lehmann

Zitierfibel für Juristen

Zitierfibel
für Juristen

von

B. Sharon Byrd †

und

Matthias Lehmann

2. Auflage
2016

C.H.BECK · NOMOS · MANZ · VAHLEN

www.beck.de
www.nomos.de
www.manz.at
www.vahlen.de

ISBN 978 3 406 60366 2 (C.H.BECK)
ISBN 978 3 8487 3319 4 (Nomos)
ISBN 978 3 214 03048 3 (MANZ)
ISBN 978 3 8006 5337 9 (Vahlen)

© 2016 Verlag C.H.Beck oHG
Wilhelmstraße 9, 80801 München
Druck und Bindung: Druckerei C.H.Beck Nördlingen
(Adresse wie Verlag)
Satz: Fotosatz Buck
Zweikirchener Straße 7, 84036 Kumhausen
Umschlaggestaltung: Druckerei C.H.Beck Nördlingen

Gedruckt auf säurefreiem, alterungsbeständigem Papier
(hergestellt aus chlorfrei gebleichtem Zellstoff)

Inhaltsverzeichnis

Vorwort zur 2. Auflage	XIII
Einleitung	1
1. Teil: Zitierregeln	3
A. Wie zitiert man Monografien, Handbücher und Lehrbücher?	4
Vorbemerkung: Was sind Monografien und Handbücher?	4
I. Name des Autors	4
1. Familienname	4
2. Vorname	6
3. Mehrere Autoren	6
II. Buchtitel	8
1. Wie zitiert man den Titel?	8
2. Muss man Untertitel zitieren?	8
3. Wie zitiert man mehrbändige Werke?	8
III. Auflage	9
IV. Erscheinungsjahr	9
V. Seite	11
1. Sollte man die Seite oder den Gliederungspunkt zitieren?	11
2. Wie genau muss man die Seite zitieren?	11
VI. Abweichungen im Literaturverzeichnis	12
1. Vorname des Autors und Zusatz für Herausgeber	13
2. Untertitel	14
3. Mehrbändige Werke	15
4. Erscheinungsort	15
5. Angabe der Zitierweise	16
B. Wie zitiert man Kommentare?	19
Vorbemerkung: Was sind Kommentare?	19
I. Name des Kommentars	19

     1. Kommentare mit Personennamen 19
     2. Kommentare mit Sachtitel 20
  II. Name des Bearbeiters 21
 III. Titel des kommentierten Gesetzes 23
 IV. Auflage oder Stand 23
  V. Erscheinungsjahr 25
 VI. Kommentierte Vorschrift 26
VII. Randnummer 27
VIII. Abweichungen im Literaturverzeichnis 28
     1. Name des Kommentars 28
     2. Erscheinungsort und -jahr 29
     3. Mehrbändige Kommentare 30
     4. Angabe der Zitierweise 31

C. Wie zitiert man Aufsätze? 33
   I. Name des Autors 33
  II. Titel der Zeitschrift 33
 III. Band und/oder Jahrgang 34
 IV. Seite 35
  V. Abweichungen im Literaturverzeichnis 36
     1. Vorname des Autors 36
     2. Titel des Aufsatzes 37
     3. Anfangs- und Endseite 37

D. Wie zitiert man Beiträge in Festschriften oder anderen Sammelwerken? 40
Vorbemerkung: Was sind Festschriften und andere Sammelwerke? 40
   I. Name des Autors des Beitrages 40
  II. Titel des Sammelwerkes 40
 III. Erscheinungsjahr 42
 IV. Seite 42
  V. Abweichungen im Literaturverzeichnis 42
     1. Vorname des Autors des Beitrages 42
     2. Titel des Beitrages 43
     3. Ausführlicher Titel des Sammelwerkes 43
     4. Erscheinungsort und -jahr 44
     5. Anfangs- und Endseite 45

E. Wie zitiert man Urteile und andere gerichtliche Entscheidungen? ... 48

Vorbemerkung: Wo sind gerichtliche Entscheidungen zu zitieren? ... 48

- I. Wie zitiert man Entscheidungen deutscher Gerichte? ... 48
  1. Bezeichnung des Gerichts ... 49
  2. Form, Datum und Aktenzeichen der Entscheidung ... 51
  3. Name der Sammlung oder Zeitschrift ... 51
  4. Band ... 53
  5. Seite ... 54
  6. Parallelfundstellen ... 55
  7. Fundstellen in Datenbanken ... 56
  8. Name der Entscheidung ... 57
  9. Unveröffentlichte Entscheidungen ... 57
- II. Wie zitiert man Entscheidungen des EuGH und des EuG? ... 58
  1. Bezeichnung des Gerichts ... 58
  2. Form und Datum der Entscheidung, Nummer der Rechtssache ... 58
  3. Amtliche Sammlung, Zeitschrift oder ECLI ... 59
  4. Jahrgang ... 61
  5. Teil und Anfangsseite ... 61
  6. Randnummer ... 62
  7. Name der Entscheidung ... 62
  8. Schlussanträge des Generalanwalts ... 63
- III. Wie zitiert man Entscheidungen des EGMR? ... 64
  1. Bezeichnung des Gerichts ... 64
  2. Form und Datum der Entscheidung, Nummer der Beschwerde ... 65
  3. Amtliche Sammlung oder Zeitschrift ... 65
  4. Jahrgang und Teilband ... 66
  5. Anfangsseite ... 66
  6. Absatz ... 67
  7. Name der Entscheidung ... 67
- IV. Wie zitiert man Urteilsanmerkungen? ... 68

F. Wie zitiert man Rechtsvorschriften? 71

Vorbemerkung: Über die Genauigkeit beim
Gesetzeszitat. 71
- I. Wie zitiert man deutsche Gesetze? 71
    1. Artikel oder § 71
    2. „Hausnummer" 71
    3. Absatz 72
    4. Satz 73
    5. Halbsatz 74
    6. Alternative und Variante 74
    7. Nummer, litera oder Spiegelstrich 75
    8. Gesetzesname 76
    9. Paragrafenketten. 79
- II. Wie zitiert man deutsche Rechtsverordnungen? ... 81
- III. Wie zitiert man europäische Rechtsvorschriften? .. 82
    1. Primärrecht. 82
    2. Sekundärrecht. 83
- IV. Wie zitiert man völkerrechtliche Verträge? 84

G. Wie zitiert man Dokumente und Materialien? 86

Vorbemerkung: Was sind Dokumente und Materialien? . 86
- I. Wie zitiert man deutsche Gesetzgebungs-
  materialien? 86
    1. Drucksachen des Bundestags und des Bundes-
       rats. 86
    2. Stenografische Berichte des Bundestags und des
       Bundesrats. 86
    3. Gesetzentwürfe. 87
    4. Motive und Protokolle zum BGB 87
- II. Wie zitiert man Dokumente der Europäischen
  Kommission? 88
- III. Wie zitiert man amtliche Verfügungen und
  Rundschreiben? 88
- IV. Wie zitiert man sonstige Dokumente? 89
- V. Wie zitiert man Dokumente aus dem Internet? 89

Inhaltsverzeichnis

H. Wie zitiert man ausländische Quellen? 91
   I. Grundlagen 91
   II. USA 92
      1. Rechtsprechung 92
      2. Gesetze 92
      3. Literatur 93
      4. Weiterführender Hinweis 93
   III. Vereinigtes Königreich 93
      1. Rechtsprechung 93
      2. Gesetze 94
      3. Literatur 95
      4. Weiterführende Hinweise 95
   IV. Frankreich 95
      1. Gesetze 95
      2. Rechtsprechung 96
      3. Literatur 97

J. Wie zitiert man in Österreich und in der Schweiz? ... 98
   I. Grundlagen 98
   II. Zitierweise in Österreich 98
      1. Monografien 98
      2. Kommentare 99
      3. Urteile 99
      4. Abkürzungen 99
   III. Zitierweise in der Schweiz 101
      1. Monografien 101
      2. Kommentare 101
      3. Aufsätze 101
      4. Urteile 102
      5. Abkürzungen 102

2. Teil: Praktische Ratschläge 105

K. Allgemeine Hinweise zum Zitieren 106
   I. Warum zitiert man? 106
   II. Aus welchen Gründen sollte man nicht zitieren? ... 107
   III. Wie zitiert man? 108
   IV. Wie oft zitiert man? 108
   V. Was zitiert man? 109

- VI. Wen zitiert man? 110
- VII. Die „herrschende Meinung" oder die „herrschende Lehre" 111
- VIII. Die „ständige Rechtsprechung" 113
- IX. „Statt aller"-Zitate 114
- X. „Mit weiteren Nachweisen" 115
- XI. Darf man sich selbst zitieren? 115

L. Die Fußnote 117
- I. Wann ist eine Fußnote notwendig? 117
- II. Wo wird die Fußnote eingefügt? 117
- III. Welche Form hat die Fußnote? 118
- IV. Was gehört in die Fußnote? 119
- V. Wie wird die Fußnote eingeleitet und abgeschlossen?. 119
- VI. Wie werden mehrere Fundstellen zitiert?. 121
- VII. Wie wird ein Autor oder ein Gericht mehrmals zitiert? 122
- VIII. Wie wird ein Werk oder eine Entscheidung mehrmals zitiert? 123
- IX. Wie werden abweichende Ansichten zitiert? 125

M. Das Literaturverzeichnis 126
- I. Wann ist ein Literaturverzeichnis notwendig?..... 126
- II. Wo ist das Literaturverzeichnis einzufügen? 127
- III. Welche Werke sind in das Literaturverzeichnis aufzunehmen? 127
- IV. Muss nach der Art der Werke gegliedert werden?.. 129
- V. In welcher Reihenfolge sind die Werke aufzuführen? 129
- VI. Welche Form hat das Literaturverzeichnis? 131

N. Das Abkürzungsverzeichnis 134
- I. Wann ist ein Abkürzungsverzeichnis notwendig?.. 134
- II. Welche Abkürzungen müssen aufgeführt werden? . 135
- III. Was kürzt man wie ab? 135
- IV. Gehört abgekürzte Literatur in das Abkürzungsverzeichnis? 136
- V. Welche Form hat das Abkürzungsverzeichnis? 137

Anhang I. Abkürzungen systematisch geordnet 139
   1. Gerichte. 139
   2. Institutionen und Behörden 140
   3. Deutsche Bundesländer. 141
   4. Gesetze und Verordnungen 141
   5. Internationale Verträge und europäische
      Rechtsakte 147
   6. Amtliche Veröffentlichungen............... 148
   7. Nichtamtliche Veröffentlichungen........... 149
   8. Entscheidungssammlungen 149
   9. Fachzeitschriften. 151
  10. Kommentare. 156
  11. Schlüsselwörter. 156

Anhang II. Abkürzungen alphabetisch geordnet 160

Anhang III. Beispiel eines Titelblatts. 178

Anhang IV. Beispiel eines Inhaltsverzeichnisses. 179

Anhang V. Beispiel eines Literaturverzeichnisses 180

Anhang VI. Beispiel eines Abkürzungsverzeichnisses 183

Vorwort zur 2. Auflage

Die zweite Auflage wird überschattet vom Tod B. Sharon Byrds. Die Idee zu diesem Büchlein ging von ihr aus. Die einheitliche Zitierweise in den USA vor Augen, war es ihr unverständlich, warum in Deutschland ein „Zitierchaos" vorherrscht. Dies wollte sie ändern. Sie hat die Idee gegenüber dem Verlag vorgebracht und mich zur Umsetzung angeregt. Der Erfolg der Zitierfibel zeigt, dass ein Bedarf für ein solches Buch besteht.

Sicher hätte es B. Sharon Byrd gefreut zu sehen, dass die Neuauflage um Hinweise zum Zitieren ausländischer Literatur erweitert wurde. Ebenfalls aufgenommen wurden abweichende Zitierweisen in Österreich und der Schweiz. Letztere sollen Autoren, Praktikern und Studierenden in diesen beiden Ländern nützen. Schließlich wurden noch vier neue Anhänge mit Beispielen für das Titelblatt, das Inhalts-, das Abkürzungs- und das Literaturverzeichnis ergänzt.

Im Vergleich zur ersten Auflage haben sich einige Zitierhinweise geändert. Die Änderungen sind auf die Einarbeitung der neuen Redaktionsrichtlinie der Verlage C.H.Beck/Franz Vahlen zurückzuführen. Ihr wurde im Zweifel gefolgt, es sei denn, es existiert eine abweichende Zitierweise, die weiter verbreitet ist. In diesem Fall steht ein ausdrücklicher Hinweis auf die Regeln der Redaktionsrichtlinie.

Für Hilfe bei der Aktualisierung der Zitierfibel danke ich Christin Aberle, Sophie Artner, Nicolas Deising, Armin Grimm und Anna Larissa Seichter. Ganz besonderer Dank gilt Julia Büchler und Johannes Ungerer für ihre zahlreichen Anregungen und Hinweise.

Bonn, im April 2015　　　　　　　　　　　　　　　Matthias Lehmann

Einleitung

Dieses Buch ist eine Anleitung, wie man in juristischen Arbeiten richtig zitiert. Es wendet sich gleichermaßen an den Studenten, Doktoranden, Professor oder Praktiker, der seine Arbeit mit Fundstellen belegen will. Dabei kann es sich sowohl um eine Hausarbeit, eine Doktorarbeit, eine sonstige Monografie, einen Aufsatz, ein Urteil als auch um einen Schriftsatz handeln. Überall stellen sich gleiche oder ähnliche Formfragen. Muss zum Beispiel bei einem Buch auf den Erscheinungsort hingewiesen werden? Ist bei einem Aufsatz die Anfangsseite in das Zitat aufzunehmen oder nur die Seite, auf die man sich bezieht? Ist bei Entscheidungen das Datum anzugeben?

Für den Nicht-Eingeweihten sind diese Fragen ein Rätsel, dessen Lösung er erst nach jahrelanger Beobachtung erlernt. Auch dem erfahrenen Praktiker oder Wissenschaftler stellen sich aber immer wieder Probleme, die sich auch bei – zeitintensiver – Recherche nicht befriedigend klären lassen. Aus diesem Grund schien es uns nützlich, die Regeln des Zitierens in einem Buch zusammenzufassen.

Dabei können und wollen wir keine verbindlichen Vorgaben machen. Stattdessen bemühen wir uns, die Praxis möglichst genau zu beobachten und wiederzugeben. Zu diesem Zweck haben wir die tatsächlichen Gewohnheiten untersucht, die sich in Fachzeitschriften, Büchern, Gerichtsentscheidungen und universitären Übungen gebildet haben. Naturgemäß haben wir uns dabei auf den deutschsprachigen Raum beschränkt.

Will man die tatsächlichen Gewohnheiten des Zitierens festhalten, stellt sich ein Problem: Nicht alle Veröffentlichungen folgen denselben Prinzipien. Wer schon einmal ein Buch oder einen Aufsatz publiziert hat, wird mit Erstaunen bemerkt haben, dass jeder Verlag gewissen Eigenheiten bei der Angabe von Fundstellen folgt. Das Gleiche gilt auch für Hausarbeiten, bei denen Professoren unterschiedliche Anforderungen an das Zitat stellen. Wie soll man sich angesichts dieser verschiedenen Gebräuche verhalten?

Wir haben uns in Zweifelsfällen am Ziel orientiert, dem Leser das Auffinden und Nachlesen der Fundstelle zu erleichtern. Dies führt dazu, dass wir uns an einigen Stellen zugunsten einer Zitierweise entscheiden mussten, die nicht in allen Veröffentlichungen befolgt wird. Auf die abweichende Praxis wird in diesem Fall hingewiesen.

Exemplarisch für die juristische Praktiker- und Lehrbuchliteratur wird durchgehend auf Besonderheiten der Redaktionsrichtlinie der Verlage C.H.BECK/Franz Vahlen aufmerksam gemacht, die bei allen Publikationen dieser Verlage zu beachten ist („Übliche Zitierweise in Praktiker-/Lehrbuchliteratur, va bei C.H.BECK", hervorgehoben in blau). Allerdings konnten aus Gründen des Platzes und der Übersichtlichkeit nicht alle besonderen Zitiergewohnheiten jeglicher Medien aufgenommen werden.

Dieses Buch ist aus der täglichen Praxis des Schreibens heraus entstanden. Wir haben uns bemüht, alle denkbaren Fragen zu stellen und die besten Antworten zu finden. Es ist jedoch unmöglich, alle Probleme und Gewohnheiten des Zitierens zu kennen. Wir sind daher auf Ihre Mithilfe angewiesen, um dieses Buch zu verbessern. Wenn Sie Zweifelsfragen haben, auf die wir nicht eingegangen sind, oder wenn Sie andere Gewohnheiten als die hier genannten kennen, wären wir Ihnen dankbar, wenn Sie diese an die Adresse zitierfibel@gmx.de mitteilen würden.

Prof. Dr. Matthias Lehmann, D.E.A., LL.M., J.S.D.
Rheinische Friedrich-Wilhelms-Universität Bonn
Adenauerallee 24–42
53113 Bonn

1. Teil: Zitierregeln

Die folgenden Ausführungen enthalten Regeln und Beispiele, wie man in rechtswissenschaftlichen Arbeiten zitiert. Sämtliche Beispiele beziehen sich auf Fußnoten, denn in der Rechtswissenschaft wird in Anmerkungen am Ende (am „Fuß") der Seite zitiert. In Gerichtsurteilen setzt man dagegen Verweise innerhalb einer Klammer in den Text. Die hier aufgestellten Regeln gelten auch für diese Art des Zitierens.

Grundsätzlich finden die folgenden Regeln auch auf die Angabe von Fundstellen im Literaturverzeichnis Anwendung. Jedoch gelten insoweit einige Besonderheiten, die am Ende des jeweiligen Abschnitts vermerkt sind.

> Die in vielen kürzeren wissenschaftlichen Arbeiten (zB Aufsätzen) und in Schriftsätzen in der Praxis (zB Urteilen) üblicherweise verwendete Form des Zitats ist das Vollzitat. In diesem werden alle notwendigen Angaben zu einem zitierten Werk wie Autor, Titel, Auflage, Jahr usw vollständig aufgeführt. Es gibt kein Literaturverzeichnis.

> Demgegenüber finden sich in längeren wissenschaftlichen Arbeiten (zB Haus- und Seminararbeiten, Dissertationen) und in anderen juristischen Publikationen, wie im Verlag C.H.BECK, üblicherweise eine abgekürzte Form des Zitats. Dies kommt den Erfordernissen sowohl der Autoren als auch der Leser entgegen. Das Kurzzitat setzt aber ein Literaturverzeichnis voraus, in dem ausführliche Angaben zu dem abgekürzt zitierten Titel gemacht werden.

Praktische Ratschläge zur Gestaltung der Fußnote und des Literaturverzeichnisses finden Sie im zweiten Teil der Zitierfibel.

A. Wie zitiert man Monografien, Handbücher und Lehrbücher?

Vorbemerkung: Was sind Monografien und Handbücher?

Monografien sind wissenschaftliche Darstellungen, die einem einzelnen Gegenstand gewidmet sind.[1] Es handelt sich vornehmlich um Dissertationen, Habilitationsschriften oder andere von einem einzigen Autor gefertigte Bücher.

Handbücher erschließen ein Rechtsgebiet oder einen Bereich der Praxis umfassend. Sie werden meist von mehreren Autoren verfasst.

I. Name des Autors

1. Familienname

Das Zitat eines von einer Person verfassten Werkes beginnt mit dem Familiennamen des Autors (zu Werken von mehreren Autoren s.u. unter 3.). Um den Namen hervorzuheben, empfiehlt es sich, diesen in kursiver Schrift zu schreiben.

Der Familienname ist stets vollständig zu nennen, auch wenn es sich um einen Doppelnamen handelt.

> **Beispiel:**
> [1] *Dauner-Lieb*, Verbraucherschutz durch Ausbildung eines Sonderprivatrechts für Verbraucher, 1983, S. 57.

Übliche Zitierweise in Praktiker-/Lehrbuchliteratur, va bei C.H.BECK:
Vollzitate sind nur ausnahmsweise zu verwenden, insbesondere wenn kein Literaturverzeichnis existiert. Die Regel ist das Kurzzitat. Siehe dazu unter II. 1.
Der Autorenname kann alternativ auch in gerader Schrift gesetzt werden.

---

[1] *Duden*, Das Große Fremdwörterbuch, hrsg. v. Wissenschaftlichen Rat der Dudenredaktion, 4. Aufl. 2008, Eintrag „Monografie".

A. Wie zitiert man Monografien, Handbücher und Lehrbücher?

Akademische Bezeichnungen, wie „Prof." oder „Dr.", werden nicht genannt.

Trägt der Autor den Adelstitel „von", so ist dieser in der Fußnote vor den Familiennamen zu stellen (zur abweichenden Praxis im Literaturverzeichnis s. u. unter VI. 1.). Das „von" wird mit „v." abgekürzt. Es ist stets klein zu schreiben, auch wenn es am Beginn der Fußnote steht.

> **Beispiel:**
> [1] *v. Savigny*, System des heutigen Römischen Rechts VIII, 1849, S. 13.

Andere Adelstitel, wie Graf oder Freiherr, sind in der Fußnote wegzulassen.

> **Beispiel:**
> [1] *v. Westphalen/Zöchling-Jud*, Die Bankgarantie im internationalen Handelsverkehr, 4. Aufl. 2014, S. 35.

Eine Ausnahme gilt für ausländische Titel, die Bestandteil des Familiennamens sind, wie das niederländische „van". Diese müssen ausgeschrieben werden. Steht der Titel am Beginn der Fußnote, ist er groß zu schreiben.

> **Beispiel:**
> [1] *Van Gerven*, The European Union: A Polity of States and Peoples, 2005, S. 24.

Ist der Autor nicht bekannt, kann man statt des Namens ein „oN" für „ohne Namensangabe" setzen.

Zum Zitieren von mehreren Werken desselben Autors s. u. L. VII.

Regeln

A.1: Das Zitat beginnt mit dem vollständigen Familiennamen des Autors.

A.2: Akademische Titel werden nicht genannt.

A.3: Statt „von" wird in der Fußnote „v." vor den Namen gestellt.

A.4: Andere Adelstitel werden in der Fußnote weggelassen.

2. Vorname

Der oder die Vornamen des Autors werden in der Fußnote nicht angegeben. Anderes gilt nur, wenn der Autor sonst verwechselt werden könnte. Eine Verwechslungsgefahr kann daraus folgen, dass es sich um einen besonders häufigen Familiennamen (wie zB Schmidt) handelt oder dass es noch einen anderen Autor mit demselben Namen gibt. Nennen Sie in diesem Fall den Vornamen des Autors. Alternativ kann man auch nur den Anfangsbuchstaben des Vornamens nennen. Hat der Autor mehrere Vornamen, geben Sie alle an.

Beispiel:
[1] *Harm Peter Westermann*, Haftungsfragen bei Gründung und Finanzierung der GmbH und GmbH & Co KG, 1984, S. 13.

(Anderer Autor wäre: Harry Westermann)

Gerade der Anfänger wird nur selten wissen, ob es noch andere Autoren mit demselben Familiennamen gibt. Er sollte sich deshalb daran orientieren, wie der Autor in der sonstigen Literatur zitiert wird.

Regel

A.5: In der Fußnote werden der oder die Vornamen des Autors weggelassen, außer es besteht Verwechslungsgefahr.

---

3. Mehrere Autoren

Ist eine Monografie von mehreren Autoren verfasst, ohne dass erkennbar ist, wer welchen Teil bearbeitet hat, müssen grundsätzlich die Namen aller angegeben werden. Die Autorennamen werden durch Schrägstrich (ohne Leerzeichen) voneinander getrennt. Die Reihenfolge der Namen richtet sich nicht nach dem Alphabet, sondern ist von der Titelseite des Werkes zu übernehmen.

Beispiel:
[1] *Gernhuber/Coester-Waltjen*, Familienrecht, 6. Aufl. 2010, S. 17.

A. Wie zitiert man Monografien, Handbücher und Lehrbücher?

Ist ein Buch in Abschnitte geteilt, die von unterschiedlichen Autoren verfasst wurden, dann muss zunächst in kursiver Schrift der Familienname des Bearbeiters der zitierten Stelle genannt werden.

Danach ist das Wort „in" zu setzen. Es folgt der Familienname des Herausgebers des Werkes. Er wird in gerader Schrift gesetzt.

Beispiel:
[1] *Erichsen* in Erichsen/Ehlers, Allgemeines Verwaltungsrecht, 14. Aufl. 2010, § 11 Rn. 45.

Übliche Zitierweise in Praktiker-/Lehrbuchliteratur, va bei C.H.BECK:
Der Autorenname kann auch in gerader Schrift gesetzt und, statt mit „in" vorangestellt, nach Schrägstrich nach den Herausgebern genannt werden (im Beispiel: „Erichsen/Ehlers/Erichsen").

Trägt ein von mehreren Personen verfasstes Werk nicht den Namen eines Herausgebers, sondern einen besonderen Sachtitel, so wird nur dieser genannt. Er wird in gerade Schrift gesetzt.

Beispiel:
[1] *Berberich/Haaf* in Beck'sches Handbuch der GmbH, 5. Aufl. 2014, § 1 Rn. 45.

Regeln

A.6: Ist ein Werk insgesamt von mehreren Autoren verfasst, müssen die Namen aller in der Reihenfolge aufgeführt werden, in der sie auf der Titelseite genannt sind.

A.7: Sind die einzelnen Abschnitte eines Werkes von verschiedenen Autoren verfasst, wird zunächst der Familienname des jeweiligen Bearbeiters in kursiver Schrift genannt; danach folgen „in" und der Familienname des Herausgebers.

A.8: Bei Werken mit Sachnamen wird dieser statt des Namens des Herausgebers genannt.

II. Buchtitel

1. Wie zitiert man den Titel?

Auf den Namen des Autors folgen ein Komma und der Buchtitel. Letzterer muss so, wie er auf dem Titelblatt angegeben ist, zitiert werden. Er ist nicht in Anführungszeichen zu setzen.

Beispiel:
[1] *Dethloff*, Familienrecht, 31. Aufl. 2015, § 1 Rn. 74.

Übliche Zitierweise in Praktiker-/Lehrbuchliteratur, va bei C.H.BECK:
Der Titel wird im Zitat abgekürzt genannt und ohne Komma an den Autorennamen angefügt. In der Regel wird auch die Angabe der Auflage und des Jahres weggelassen, da dies im Literaturverzeichnis nachzulesen ist.

Beispiel:
[1] Dethloff FamR § 1 Rn. 74.

2. Muss man Untertitel zitieren?

Hat das Werk einen Untertitel, wird dieser in der Fußnote weggelassen. Zur Praxis beim Literaturverzeichnis s. u. unter VI. 2.

3. Wie zitiert man mehrbändige Werke?

Hat ein Werk mehrere Bände, so ist die Nummer des Bandes mit römischen Ziffern zu nennen.

Beispiel:
[1] *Roxin*, Strafrecht Allgemeiner Teil I, 4. Aufl. 2006, § 2 Rn. 97.

Ist der Band in Teilbände untergliedert, muss auch die Nummer des Teilbandes genannt werden. Sie wird in arabischen Ziffern geschrieben und durch Schrägstrich von der Nummer des Hauptbandes abgetrennt.

Beispiel:
[1] *Larenz/Canaris*, Lehrbuch des Schuldrechts II/2, 13. Aufl. 1994, S. 213.

Regeln

A.9: Der Buchtitel wird so, wie er im Buch angegeben ist, geschrieben.

A.10: Untertitel werden in der Fußnote weggelassen.

A.11: Hat das Werk mehrere Bände, so wird die Nummer des Bandes mit römischen Ziffern angegeben.

A.12: Hat der Band mehrere Teilbände, so wird die Nummer des Teilbandes mit arabischen Ziffern hinter der Nummer des Hauptbandes angegeben und von dieser durch Schrägstrich getrennt.

III. Auflage

Nach dem Titel muss die Auflage – abgekürzt „Aufl." – genannt werden. Handelt es sich um eine Erstauflage, braucht die Auflage nicht angegeben werden. Sie kann auch weggelassen werden, wenn ein Literaturverzeichnis erstellt wurde, denn in diesem Fall kann sich der Leser dort über die benutzte Auflage informieren. Es sollte stets aus der aktuellen Auflage zitiert werden.

Regeln

A.13: In der Fußnote ist auch die zitierte Auflage anzugeben, es sei denn, es wurde ein Literaturverzeichnis erstellt.

A.14: Bei einer Erstauflage entfällt die Angabe der Auflage.

A.15: Es sollte stets aus der aktuellen Auflage zitiert werden.

IV. Erscheinungsjahr

Grundsätzlich ist das Erscheinungsjahr des Werkes anzugeben. Eine Ausnahme gilt, wenn ein Literaturverzeichnis erstellt wurde. Dann kann das Erscheinungsjahr in der Fußnote weggelassen werden, weil der Leser es im Literaturverzeichnis nachsehen kann.

Bei einem Werk in der ersten Auflage wird nur das Erscheinungsjahr nach dem Buchtitel, durch Komma von diesem getrennt, angegeben.

Beispiel:
[1] *Meessen,* Economic Law in Globalizing Markets, 2004, S. 51.

Bei einem Buch in der zweiten oder einer höheren Auflage wird das Erscheinungsjahr nach der Auflage angegeben.

Beispiel:
[1] *Roxin,* Strafrecht Allgemeiner Teil I, 4. Aufl. 2006, S. 45.

Das Erscheinungsjahr findet man entweder auf der Titelseite oder auf der Rückseite des Titelblattes des Werkes. Nicht entscheidend ist, wann das Buch fertiggestellt wurde oder mit welchem Datum das Vorwort unterzeichnet ist. Bei Nachdrucken muss nach dem Erscheinungsjahr des Originals in Klammern das Erscheinungsjahr des Nachdrucks angegeben werden.

Beispiel:
[1] *v. Savigny,* System des heutigen römischen Rechts VIII, 1849 (Nachdruck 1956), S. 32.

Falls das Erscheinungsjahr nicht im Werk genannt wird, kann man ein „oJ" für „ohne Jahresangabe" setzen.

Regeln

A.16: Das Erscheinungsjahr muss angegeben werden, es sei denn, es wurde ein Literaturverzeichnis erstellt.

A.17: Bei einer Erstauflage ist nur das Erscheinungsjahr hinter den Buchtitel zu setzen und durch Komma abzutrennen. Bei einer höheren Auflage ist das Erscheinungsjahr nach der Nummer der Auflage anzugeben.

A.18: Bei einem Nachdruck ist zuerst das Erscheinungsjahr des Originals und danach in Klammern das Erscheinungsjahr des Nachdrucks anzugeben.

V. Seite

1. Sollte man die Seite oder den Gliederungspunkt zitieren?

Nach dem Erscheinungsjahr und einem Komma ist die Seite zu nennen, auf die Bezug genommen wird. Ist das Werk in Paragrafen ohne allzu viele Unterteilungen gegliedert oder hat es Randnummern, dann ist es ratsam, diese statt der Seite zu zitieren, da sie sich in früheren oder späteren Auflagen leichter finden lassen. Randnummern haben zudem den Vorteil, dass genauer auf eine bestimmte Stelle hingewiesen werden kann.

Beispiel:
[1] *Larenz*, Lehrbuch des Schuldrechts I, 14. Aufl. 1987, § 14 I.
[2] *Medicus/Petersen*, Bürgerliches Recht, 25. Aufl. 2015, Rn. 823.

Bei manchen Werken beginnt die Nummerierung in jedem Kapitel oder Paragrafen neu. In diesem Fall ist neben der Randnummer auch der Paragraf oder das Kapitel zu nennen. Für „Kapitel" kann die Abkürzung „Kap." verwendet werden.

Beispiel:
[1] *Schoch* in Schoch, Besonderes Verwaltungsrecht, 15. Aufl. 2013, Kap. 2 Rn. 101.

2. Wie genau muss man die Seite zitieren?

Die Seite, auf die man sich bezieht, ist stets so genau wie möglich zu nennen. Wenn man von zwei aufeinanderfolgenden Seiten zitiert, ist hinter die Seitenzahl ein „f." für „folgende" zu setzen. Für mehrere Seiten wird oft ein „ff." gesetzt.[2] Allerdings ist dies zu unpräzise. Stattdessen ist es besser, die erste und die letzte der Seiten anzugeben, die man meint.

---

[2] Die Abkürzung „ff." steht nicht für „fortfolgende", wie oft angenommen wird, sondern erklärt sich aus der im Lateinischen üblichen Verdoppelung des abgekürzten Anfangsbuchstabens, wenn dieser für ein Pluralwort steht. Daher steht etwa im Englischen „pp." für „pages" oder im Französischen „ss." für „suivantes".

Beispiel:
[1] *Canaris*, Die Vertrauenshaftung im deutschen Privatrecht, 1971 (Nachdruck 1981), S. 20–23.

Übliche Zitierweise in Praktiker-/Lehrbuchliteratur, va bei C.H.BECK:
Beim üblichen Kurzzitat wird vor „S." oder „Rn." kein Komma gesetzt.

Beispiel:
[1] Rengier StrafR AT § 10 Rn. 3.

Falls mehrere über das Werk verstreute Seiten zitiert werden sollen, sind die Seitenzahlen hintereinander, abgetrennt durch Kommata, zu nennen.

Beispiel:
[1] *Richardi*, Wertpapierrecht, 1987, S. 14, 20, 23.

Zieht sich eine bestimmte Aussage durch das gesamte Werk hindurch, so kann man auf diese Bezug nehmen, indem man hinter die Angabe einer Seite „und durchgehend" oder „und passim" (lateinisch für durchgehend) setzt.

Beispiel:
[1] *Canaris*, Die Vertrauenshaftung im deutschen Privatrecht, 1971 (Nachdruck 1981), S. 20 und passim.

Regeln

A.19: Die Stelle, auf die Bezug genommen wird, ist durch die Angabe der Randnummer, der Seite oder des Paragrafen genau zu bezeichnen.

A.20: Die Abkürzung „ff." sollte vermieden werden. Stattdessen sind konkrete Anfangs- und Endseiten zu nennen.

VI. Abweichungen im Literaturverzeichnis

Alle in der Arbeit zitierten Werke müssen im Literaturverzeichnis aufgeführt werden. S. dazu ausführlich u. K. III. Für die Angabe im Literaturverzeichnis gelten einige gegenüber dem Zitat in Fußnoten abweichende Regeln:

1. Vorname des Autors und Zusatz für Herausgeber

Im Literaturverzeichnis ist nach dem Familiennamen stets der Vorname des Autors anzugeben. Er wird hinter den Familiennamen gesetzt und von diesem durch Komma abgetrennt. Ebenso wie der Familienname ist der Vorname kursiv zu schreiben.

> **Beispiel:**
> *Stein, Ursula,* Lex mercatoria. Realität und Theorie, Frankfurt a. M. 1995.

Es sollte stets der vollständige Vorname angegeben werden. Hat ein Autor mehrere Vornamen, so sind alle zu nennen. Abgekürzte Vornamen sind zu übernehmen.

> **Beispiel:**
> *Meessen, Karl M.,* Völkerrechtliche Grundsätze des internationalen Kartellrechts, Baden-Baden 1975.

Bei Werken mehrerer Autoren müssen die Vornamen aller angegeben werden.

> **Beispiel:**
> *Meier, Bernd-Dieter/Rössner, Dieter/Schöch, Heinz,* Jugendstrafrecht, 3. Aufl., München 2013.

Hat das Werk einen Herausgeber, ist dieser im Literaturverzeichnis zuerst zu nennen. Der Familienname und alle Vornamen sind auszuschreiben. Dahinter folgt in Klammern der Zusatz „Hrsg.". Es erscheint nur ein Eintrag im Literaturverzeichnis unter dem oder den Herausgebernamen; es sind also keine gesonderten Einträge für die einzelnen Bearbeiter aufzunehmen.

> **Beispiel:**
> *Assmann, Heinz-Dieter/Schütze, Rolf A.* (Hrsg.), Handbuch des Kapitalanlagerechts, 4. Aufl., München 2015.

Von mehreren Personen verfasste Werke mit einem Sachtitel (s. o. unter I.3.) werden unter dieser Bezeichnung eingeordnet. Der

Sachtitel wird im Literaturverzeichnis kursiv geschrieben, als ob es sich um den Namen einer Person handelte. Dahinter wird ein „hrsg. v." für „herausgegeben von" gesetzt. Es folgen die vollständigen Namen der Herausgeber. Sie werden in kursive Schrift gesetzt und durch Schrägstrich voneinander getrennt. Hier empfiehlt sich die Angabe einer abgekürzten Zitierweise (s. u. unter 5.).

Beispiel:
Beck'sches Handbuch der GmbH, hrsg. v. Prinz, Ulrich/Winkeljohann, Norbert, 5. Aufl., München 2014 (zitiert: *Bearbeiter* in BeckHdB GmbH).

Adelstitel sind im Literaturverzeichnis auszuschreiben und hinter den Vornamen zu stellen. Sie wirken sich damit auf die alphabetische Einordnung im Literaturverzeichnis nicht aus, näher dazu u. M. V.

Beispiel:
Westphalen, Friedrich Graf von/Zöchling-Jud, Brigitta, Die Bankgarantie im internationalen Handelsverkehr, 4. Aufl., Heidelberg 2014.

2. Untertitel

Hat ein Werk einen Untertitel, ist dieser im Literaturverzeichnis wegzulassen. Er kann jedoch dann angegeben werden, wenn erst durch ihn der Inhalt des Werkes oder die Bedeutung für die eigene Arbeit erkennbar wird. Man trennt ihn durch einen Punkt vom Haupttitel ab.

Beispiel:
Dörner, Heinrich, Dynamische Relativität. Der Übergang vertraglicher Rechte und Pflichten, München 1985.

3. Mehrbändige Werke

Bei Werken mit mehreren Bänden wird im Literaturverzeichnis die Nummer des Bandes mit der Abkürzung „Bd." eingeleitet. Neben der Nummer ist auch der Titel des Bandes zu nennen. Er ist durch einen Gedankenstrich von der Nummer des Bandes abzutrennen. Aufzählungen werden durch Punkt getrennt.

A. Wie zitiert man Monografien, Handbücher und Lehrbücher?

Beispiel:
Roxin, Claus, Strafrecht Allgemeiner Teil, Bd. I – Grundlagen. Der Aufbau der Verbrechenslehre, 4. Aufl., München 2006.

4. Erscheinungsort

Im Literaturverzeichnis muss neben dem Erscheinungsjahr auch der Erscheinungsort des Werkes genannt werden. Der Verlag ist dagegen nicht aufzuführen. Der Erscheinungsort wird zuerst genannt, danach folgen ein Leerzeichen und das Erscheinungsjahr.

Der Erscheinungsort lässt sich am besten von der Rückseite des Titelblattes abschreiben. Ausländische Ortsbezeichnungen (Beispiel: Milano) sind in deutsche umzuwandeln (Beispiel: Mailand). Abkürzungen wie „NY" für die Stadt New York sind unzulässig. Hat der Erscheinungsort einen regionalen Zusatz, so ist dieser anzugeben. Er kann abgekürzt werden.

Beispiel:
Giefers, Hans-Werner, Das Recht des Kaufmanns, 7. Aufl., Freiburg i. Br. 1991.

Sind mehrere Erscheinungsorte genannt, so sind diese grundsätzlich vollständig anzugeben und durch Kommata voneinander abzutrennen.

Beispiel:
Oetker, Hartmut/Maultzsch, Felix, Vertragliche Schuldverhältnisse, 4. Aufl., Berlin, Heidelberg, New York 2013.

Hat ein Buch mehr als drei Erscheinungsorte, kann nach dem ersten Erscheinungsort die Abkürzung „ua" gesetzt werden.

Beispiel:
Wieling, Hans Josef, Sachenrecht, 5. Aufl., Berlin ua 2007.

Bei veröffentlichten Dissertationen kann man auch den Ort der Universität und das Jahr der Promotion angeben. Diese setzt man in Klammern hinter den Erscheinungsort und das Erscheinungsjahr. Davor schreibt man die Abkürzungen „zugl. Diss." für „zugleich Dissertation".

Beispiel:
Zuber, Andreas, Die EG-Kommission als amicus curiae: Die Zusammenarbeit der Kommission und der Zivilgerichte der Mitgliedstaaten bei der Anwendung der Wettbewerbsregeln des EG-Vertrages, Köln ua 2002 (zugl. Diss. Jena 2000).

Bei unveröffentlichten Dissertationen setzt man diese Angaben an die Stelle von Erscheinungsort und -jahr. Davor schreibt man die Abkürzung „Diss.".

Beispiel:
Riegler, Stefan, Schiedsverfahren und Konkurs, Diss. Wien 2004.

Ist im Werk kein Erscheinungsort angegeben, ist an dessen Stelle ein „oO" für „ohne Ortsangabe" zu schreiben.

5. Angabe der Zitierweise

Wenn ein Werk mehrere Herausgeber hat (s. o. unter 1.), deren Initialen üblicherweise zusammengezogen zitiert werden, oder wenn man ein Werk sehr häufig und mit abgekürztem Titel zitiert, empfiehlt es sich, im Literaturverzeichnis eine abgekürzte Zitierweise zu definieren, die man innerhalb der Fußnoten verwendet. Die Zitierweise ist in Klammern am Ende des Eintrags zu nennen.

Beispiel:
Roxin, Claus, Strafrecht Allgemeiner Teil, Bd. I – Grundlagen, Der Aufbau der Verbrechenslehre, 4. Aufl., München 2006 (zitiert: *Roxin* StrafR AT).

Regeln

A.21: Im Literaturverzeichnis sind hinter den Familiennamen der oder die Vornamen des Autors anzugeben.

A.22: Bei einem Herausgeber ist hinter den oder die Namen der Zusatz „(Hrsg.)" zu setzen. Die Namen mehrerer Herausgeber sind durch Schrägstrich voneinander zu trennen.

A.23: Vor dem Erscheinungsjahr ist der Erscheinungsort anzugeben.

A. Wie zitiert man Monografien, Handbücher und Lehrbücher?

A.24: Mehrere Erscheinungsorte sind durch Kommata voneinander zu trennen.

A.25: Bei Dissertationen sind der Ort der Universität und das Jahr der Promotion anzugeben.

Muster für Zitat einer Monografie, eines Lehr- oder eines Handbuches in der Fußnote:

1. Ein oder mehrere Autoren:

   Familienname des Autors/evtl. weitere(r) Autor(en), Buchtitel evtl. Bandnummer (röm.)/evtl. Teilbandnummer, Auflagenzahl Aufl. Erscheinungsjahr, S. genaue Seite(n).

2. Herausgeber:

   Familienname des Bearbeiters in Familienname des Herausgebers, Buchtitel evtl. Bandnummer (röm.)/evtl. Teilbandnummer, Auflagenzahl Aufl. Erscheinungsjahr, S. genaue Seite(n).

Muster für Zitat einer Monografie, eines Lehr- oder eines Handbuches im Literaturverzeichnis:

1. Ein oder mehrere Autoren:

   Familienname des Autors, Vorname/evtl. weitere(r) Autor(en), Vorname, Buchtitel, Bd. evtl. Bandnummer (röm.)/evtl. Teilbandnummer – evtl. Bandtitel, Auflagenzahl Aufl., Erscheinungsort Erscheinungsjahr.

2. Herausgeber:

   Familienname des Herausgebers, Vorname/evtl. weitere(r) Herausgeber, Vorname (Hrsg.), Buchtitel, Bd. evtl. Bandnummer (röm.)/evtl. Teilbandnummer – evtl. Bandtitel, Auflagenzahl Aufl., Erscheinungsort Erscheinungsjahr.

„Abschließende Beispiele für Fußnoten:
¹ *Henssler*, Risiko als Vertragsgegenstand, 1994, S. 593.
² *Götting*, Gewerblicher Rechtsschutz, 10. Aufl. 2014, § 2 Rn. 14.
³ *Schumann*, Verfassungs- und Menschenrechtsbeschwerde gegen richterliche Entscheidungen, 1963, S. 206.
⁴ *Rüfner* in Isensee/Kirchhof, Handbuch des Staatsrechts V, 3. Aufl. 2007, § 116 Rn. 54.

„Abschließende Beispiele für Literaturverzeichnis:
Baur, Jürgen/Stürner, Rolf, Sachenrecht, 18. Aufl., München 2009.

Dahm, Georg/Delbrück, Jost/Wolfrum, Rüdiger, Völkerrecht, Bd. I/1 – Die Grundlagen. Die Völkerrechtssubjekte, 2. Aufl., Berlin, New York 1989.

Gierke, Otto von, Deutsches Privatrecht, Bd. II – Sachenrecht, Leipzig 1905 (Nachdruck 1999).

Semler, Johannes/Schenck, Kersten von, Arbeitshandbuch für Aufsichtsratsmitglieder, 4. Aufl., München 2013 (zitiert: *Bearbeiter* in Semler/v. Schenck AR-HdB).

B. Wie zitiert man Kommentare?

Vorbemerkung: Was sind Kommentare?

Unter Kommentaren versteht man nichtamtliche Erläuterungen zu Gesetzen. Ein Gesetz wird Paragraf für Paragraf oder Artikel für Artikel kommentiert. Das Zitieren von Kommentaren bereitet erfahrungsgemäß große Schwierigkeiten.

I. Name des Kommentars

Zuerst wird der Name des Kommentars genannt. Dazu ist zwischen Kommentaren, die über Personennamen und solchen, die über ihre Sachtitel identifiziert werden, zu unterscheiden.

1. Kommentare mit Personennamen

Manche Kommentare sind unter dem Namen einer oder mehrerer Personen bekannt. Einen solchen Kommentar erkennt man daran, dass sein Titel nur aus dem offiziellen Namen des kommentierten Gesetzes besteht, eventuell mit dem Zusatz „Kommentar". Bei dieser Art von Kommentaren ist in der Fußnote zuerst der Familienname des Verfassers oder des Herausgebers zu nennen. Dabei kann es sich auch um den Namen eines früheren Verfassers oder Herausgebers handeln, der weitergeführt wird, zB *Palandt*. Handelt es sich um (mehrere) Herausgeber, müssen die Herausgebernamen aller getrennt durch Schrägstrich – ohne Leerzeichen – und in gerader Schrift genannt werden.

> Beispiel:
> [1] Schönke/Schröder/*Eser*, 29. Aufl. 2014, § 222 StGB Rn. 3.

Aus Platzgründen werden, wenn ein Werk viele Herausgeber oder Verfasser hat, manchmal nur Kürzel für die Herausgeber/Verfasser genannt. In diesem Fall muss aber der ausgeschriebene Titel im Literaturverzeichnis aufgeführt werden.

Beispiel:
¹ BLAH/*Hartmann*, § 256 ZPO Rn. 4.

Im Literaturverzeichnis:

Baumbach, Adolf/Lauterbach, Wolfgang/Albers, Jan/Hartmann, Peter, Kommentar zur Zivilprozessordnung, 74. Aufl., München 2016 (zitiert: BLAH/*Bearbeiter*).

2. Kommentare mit Sachtitel

Kommentare, die unter einem Sachtitel bekannt sind und über diesen identifiziert werden, tragen neben dem Titel des kommentierten Gesetzes oder des Rechtgebiets einen besonderen Zusatz. Meist handelt es sich dabei um eine Ortsbezeichnung. In der Fußnote wird der Sachtitel des Kommentars in gerader Schrift genannt. Gibt es eine Abkürzung, kann diese verwendet werden, soweit diese besondere Zitierweise direkt oder in einem Abkürzungsverzeichnis erklärt wird. Im Anhang I. 10. dieses Buches findet sich eine Auflistung gängiger Abkürzungen für Kommentare.

Beispiel:
¹ ErfK/*Kania*, 16. Aufl. 2016, § 90 BetrVG Rn. 13.

(für Erfurter Kommentar zum Arbeitsrecht)

Zu beachten ist, dass es verschiedene Kommentare mit der gleichen Ortsbezeichnung gibt (typisches Beispiel: Münchener Kommentar). Zitiert man einen von ihnen, sollte man daher darauf hinweisen, welches Gesetz er betrifft. Dazu wird das Gesetz in der üblichen Abkürzung (s. Anhang I. 4.) hinter dem Kürzel des Kommentars genannt.

Beispiele:
Karlsruher Kommentar zur Strafprozessordnung (abgekürzt KK-StPO)
Münchener Kommentar zum Handelsgesetzbuch (abgekürzt MüKoHGB).

Regeln

B.1: Wird ein Kommentar über den Namen des Autors/Herausgebers identifiziert, so wird im Zitat nur der Name des Autors/Herausgebers genannt. Der Name wird gerade gesetzt.

B.2: Wird ein Kommentar über den Sachtitel identifiziert, so wird im Zitat nur der Sachtitel, meist in abgekürzter Form, zitiert. Der Sachtitel wird gerade gesetzt.

II. Name des Bearbeiters

Nach dem Namen des Kommentars wird der Familienname des Autors angegeben, der die zitierte Stelle bearbeitet hat. In den meisten Kommentaren wird der Bearbeiter in der Fußzeile jeder Seite genannt. Bei anderen findet sich am Beginn ein sogenanntes Bearbeiterverzeichnis, in dem angegeben ist, wer welche Vorschrift bearbeitet hat.

Der Name des Bearbeiters wird kursiv geschrieben. Er wird durch Schrägstrich vom Namen des Kommentars abgetrennt.

Beispiel:
[1] Palandt/*Grüneberg*, 75. Aufl. 2016, § 280 BGB Rn. 70.

Alternativ kann der Name des Bearbeiters auch dem Namen des Kommentars vorangestellt und mit „in" abgetrennt werden. Dies empfiehlt sich insbesondere bei Kommentaren mit besonders langen Namen oder einer Vielzahl von Herausgebern.

Beispiel:
[1] *Rudisile* in Schoch/Schneider/Bier, Losebl. (Stand: Oktober 2015), § 124 VwGO Rn. 26d.

Es wird nur der Familienname des Bearbeiters genannt, außer es besteht Verwechslungsgefahr, s. dazu o. A. I. 2. In diesem Fall muss der abgekürzte Vorname des Bearbeiters hinzugefügt werden.

Beispiel:
[1] Jauernig/*C. Berger*, 16. Aufl. 2015, § 439 BGB Rn. 13.

Bearbeiten mehrere Autoren eine Randnummer, müssen alle genannt werden. Für die Reihenfolge der Bearbeiter ist die Aufzählung im Kommentar entscheidend; auf die alphabetische Reihenfolge kommt es nicht an. Die Namen der Bearbeiter werden durch Schrägstrich voneinander abgetrennt.

Beispiel:
[1] Staudinger/*Jickeli/Stieper*, Neubearb. 2011, Vorb. zu §§ 90–103 BGB Rn. 8.

Die Angabe des Bearbeiters entfällt, wenn ein Kommentar von einer einzigen Person verfasst wurde. Wenn der Bearbeiter der zitierten Stelle gleichzeitig der Herausgeber ist, wird sein Name nur einmal angegeben.

Beispiel:
[1] *Jauernig*, 15. Aufl. 2014, § 134 BGB Rn. 15.

Die alphabetische Reihenfolge, in der die Kommentare innerhalb einer Fußnote aufgezählt werden, richtet sich nach den Namen der Bearbeiter, nicht nach den Namen der Kommentare. S. auch u. L. VI.

Beispiel:
[1] Palandt/*Grüneberg*, 75. Aufl. 2016, § 280 BGB Rn. 1; Jauernig/*Stadler*, 16. Aufl. 2015, § 280 BGB Rn. 1.

Regeln

B.3: Nach dem Namen des Kommentars wird durch Schrägstrich abgetrennt der Bearbeiter der zitierten Kommentierung in kursiver Schrift genannt.

B.4: Bei Kommentaren mit besonders langen Namen oder einer Vielzahl von Herausgebern wird der Name des Bearbeiters vor den Namen des Kommentars gestellt. Dazwischen werden ein Komma und ein „in" gesetzt.

III. Titel des kommentierten Gesetzes

Nach dem Namen des Kommentars und des Bearbeiters muss, abgetrennt durch ein Komma, der Titel des kommentierten Gesetzes genannt werden. Dazu sind Abkürzungen zu verwenden. Zu den gebräuchlichsten s. u. Anhang I. 4.

Beispiel:
[1] Sachs/*Kokott,* GG, 7. Aufl. 2014, Art. 12a Rn. 4.

Der Titel des Gesetzes kann weggelassen werden, wenn ein Literaturverzeichnis erstellt und in diesem das kommentierte Gesetz angegeben wurde. Zu wiederholt zitierten Werken s. u. L. VIII.

Übliche Zitierweise in Praktiker-/Lehrbuchliteratur, va bei C.H.BECK:
Der Titel des kommentierten Gesetzes wird nur dann genannt, wenn der Name des Herausgebers oder Autors allein nicht eindeutig ist. Der abgekürzte Titel steht in diesem Fall direkt hinter dem Herausgebernamen, ohne dass ein Komma dazwischen gesetzt wird. Der Name des Bearbeiters ist entweder mit „in" vorangestellt oder nach Schrägstrich nachgestellt zu nennen.

Beispiel:
[1] *Marcks* in Landmann/Rohmer GewO § 6 Rn. 4.

Regel

B.5: Der Name des kommentierten Gesetzes muss angegeben werden, es sei denn, es wurde ein Literaturverzeichnis erstellt (und dort ggf. eine abgekürzte Zitierweise definiert).

IV. Auflage oder Stand

Nach dem Titel des Kommentars, dem Namen des Bearbeiters und dem Titel des Gesetzes muss die Auflage des Kommentars angeben werden. Dazu ist die Abkürzung „Aufl." zu verwenden.

Beispiel:
¹ Bamberger/Roth/*H.-W. Eckert*, Kommentar zum Bürgerlichen Gesetzbuch II, 3. Aufl. 2012, § 888 BGB Rn. 1.

(*ohne Literaturverzeichnis*)

Handelt es sich um die erste Auflage, muss sie nicht genannt werden. S. dazu o. A. III. sowie u. unter V.

Die Auflage kann auch weglassen werden, wenn ein Literaturverzeichnis erstellt wurde, weil der Leser sich dann dort über die verwendete Auflage informieren kann. Zu wiederholt zitierten Werken s. u. L. VIII.

Beispiel:
¹ Bamberger/Roth/*H.-W. Eckert*, § 888 BGB Rn. 1.

Bei Loseblattwerken wird statt der Auflage der Stand angegeben. Er ergibt sich aus der Liste der Nachlieferungen am Beginn des Kommentars oder aus dem Titelblatt. In der Fußnote ist das Datum der letzten Nachlieferung der zitierten Kommentierung, nicht des Kommentars insgesamt anzugeben. Die Nummer der Nachlieferung muss nicht angegeben werden. Der Stand wird in Klammern hinter den Hinweis „Losebl." gesetzt.

Beispiel:
¹ EZBK/*Söfker*, Losebl. (Stand: September 2013), § 34 BauGB Rn. 1.

Übliche Zitierweise in Praktiker-/Lehrbuchliteratur, va bei C.H.BECK:
Statt des Stands wird die Nummer der betreffenden Ergänzungslieferung (EL), eingefasst in Kommata, angegeben. Diese Angabe kann insgesamt entfallen, wenn sie sich aus dem Literaturverzeichnis entnehmen lässt.

Beispiel:
¹ EZBK/*Söfker*, 111. EL, BauGB § 34 Rn. 1.

Eine besondere Regel erfordert der *Staudinger*. Seit der 13. Auflage werden die Bände nicht mehr zusammen aufgelegt, sondern nur noch einzelne Bände neu bearbeitet. Daher wird nicht die Auflage, sondern die Abkürzung „Neubearb." für „Neubearbeitung" geschrieben. Danach nennt man das Jahr, in dem der jeweilige Band bearbeitet wurde.

Beispiel:
¹ Staudinger/*Beckmann*, Neubearb. 2014, § 433 BGB Rn. 1.

> **Regeln**
>
> B.6: Die benutzte Auflage muss angegeben werden, es sei denn, es handelt sich um eine Erstauflage oder es wurde ein Literaturverzeichnis erstellt.
>
> B.7: Bei Loseblattwerken ist die Abkürzung „Losebl." zu setzen und in Klammern der Stand anzugeben.
>
> B.8: Beim *Staudinger* wird seit der 13. Aufl. das Jahr der Neubearbeitung angegeben.

V. Erscheinungsjahr

Nach der Auflage folgt das Erscheinungsjahr der verwendeten Auflage. Dieses ist hinter die Auflage zu setzen. Bei Erstauflagen wird das Erscheinungsjahr durch Komma abgetrennt hinter dem Titel des Kommentars genannt, s. o. A. IV. Hat der Kommentar mehrere Bände und sind diese in unterschiedlichen Jahren erschienen, so führt man das Jahr an, in dem der benutzte Band veröffentlicht wurde. Ist der Band in mehreren Lieferungen erschienen, nennt man das Jahr der jeweiligen Lieferung.

Beispiel:
¹ LK-StGB/*Vogel*, 12. Aufl. 2010, § 242 Rn. 48.

Das Erscheinungsjahr kann ebenso wie die Auflage weglassen werden, wenn ein Literaturverzeichnis erstellt wurde.

Beispiel:
¹ LK-StGB/*Vogel*, § 242 Rn. 48.

> **Regel**
>
> B.9: Das Erscheinungsjahr des Kommentars muss hinter der Auflage angegeben werden, es sei denn, es wurde ein Literaturverzeichnis erstellt.

VI. Kommentierte Vorschrift

Auf das Erscheinungsjahr folgen, abgetrennt durch Komma, der Paragraf oder Artikel, aus dessen Kommentierung zitiert wird, und die betreffende Randnummer. Werden einzelne Absätze gesondert kommentiert, muss auch der jeweilige Absatz genannt werden. Der Name des Gesetzes kann weggelassen werden, wenn er sich bereits aus dem Titel des Kommentars ergibt.

Beispiel:
[1] Sachs/*Kokott,* GG, 6. Aufl. 2011, Art. 12a Rn. 4.

Übliche Zitierweise in Praktiker-/Lehrbuchliteratur, va bei C.H.BECK:
Für die kommentierte Vorschrift gilt die Reihenfolge „Gesetz – Paragraf/Artikel – Randnummer".

Beispiel:
[1] ErfK/*Koch* ArbGG §9 Rn. 1.

Für Kommentarautoren: Sie können bei der Angabe einer Fundstelle in einem Kommentar den Namen des kommentierten Gesetzes weglassen, wenn Sie dasselbe Gesetz kommentieren (siehe erstes Beispiel unten). Sie können sogar die Angabe des Paragrafen im Zitat weglassen, wenn Sie dieselbe Vorschrift kommentieren (zweites Beispiel unten). Um welches Gesetz oder um welchen Paragraphen es sich handelt, kann der Leser aus dem Kontext des Zitats erschließen.

Beispiele:
[1] Maunz/Dürig/*Scholz* Art. 12a Rn. 4.
[1] Maunz/Dürig/*Scholz* Rn. 4

Werden in einem Kommentar verschiedene Gesetze erläutert, muss hinter der Nummer des Paragrafen oder Artikels auch das jeweilige Gesetz genannt werden, aus dem die kommentierte Vorschrift stammt. Das Gesetz ist abzukürzen.

Beispiele:
[1] Palandt/*Ellenberger,* BGB, 75. Aufl. 2016, § 134 BGB Rn. 1.
[2] *Beck* in Schwark/Zimmer, Kapitalmarktrechts-Kommentar, 4. Aufl. 2010, § 8 WpHG Rn. 2.

Handelt es sich bei der Kommentierung um eine Vorbemerkung oder einen Anhang zu einer oder mehreren Bestimmungen, so muss dies deutlich gekennzeichnet werden.

Beispiel:
[1] Staudinger/*Marburger*, BGB, Neubearb. 2015, Vor §§ 793–808 Rn. 68.

> **Regeln**
>
> B.10: Es ist diejenige Vorschrift zu nennen, auf deren Kommentierung Bezug genommen wird
>
> B.11: Es ist der Name des Gesetzes anzugeben, aus dem die kommentierte Vorschrift stammt, es sei denn, er ergibt sich bereits aus dem angegebenen Titel des Kommentars.

VII. Randnummer

Nach der Vorschrift muss die genaue Randnummer genannt werden, aus der zitiert wird. Sie wird mit „Rn." abgekürzt.

Beispiel:
[1] Erman/*v. Westphalen*, 14. Aufl. 2014, § 604 BGB Rn. 2.

Befindet sich die Nummer nicht am Rand, sondern im Text, dann spricht man von einer „Anmerkung" – abgekürzt „Anm.". Falls ein Kommentar keine Randnummern, sondern nur Anmerkungen enthält, ist die Nummer der jeweiligen Anmerkung zu nennen.

Beispiel:
[1] *Planck*, 4. Aufl. 1920, § 874 BGB Anm. 4.

> **Regeln**
>
> B.12: Die genaue Randnummer, auf die Bezug genommen wird, ist mit „Rn." zu zitieren.
>
> B.13: Befinden sich keine Nummern am Rand, sondern nur im Text, dann werden diese mit „Anm." zitiert.

VIII. Abweichungen im Literaturverzeichnis

1. Name des Kommentars

Bei Kommentaren mit Personennamen (s. o. unter I. 1.) wird zunächst der Name des Verfassers oder des Herausgebers genannt. Im Literaturverzeichnis müssen neben dem Familiennamen auch der oder die Vornamen genannt werden. Der komplette Name wird in kursiver Schrift geschrieben. Dahinter setzt man bei Herausgebern in Klammern in gerader Schrift den Zusatz „Hrsg.". Es folgt der Titel des Gesetzes. Im Literaturverzeichnis werden keine Abkürzungen benutzt; der Name des Gesetzes ist auszuschreiben. Es ist darauf hinzuweisen, dass es sich um einen Kommentar handelt, soweit dies nicht bereits aus dem Namen hervorgeht.

Beispiel:
Schulze, Reiner (Hrsg.), Bürgerliches Gesetzbuch, Kommentar, 8. Aufl., Baden-Baden 2014.

Trägt der Kommentar den Namen eines früheren Herausgebers oder Verfassers (s. o. I. 1.), ist dieser zuerst zu nennen. Weil es sich nicht um eine lebende Person handelt, sind der Vorname und der Zusatz „Hrsg." wegzulassen. Es folgt der vollständige Titel des Kommentars. Danach werden der Familienname und der Vorname des aktuellen Herausgebers genannt. Er wird mit der Abkürzung „hrsg. v." für „herausgegeben von" eingeleitet und kursiv geschrieben.

Beispiel:
Soergel, Kommentar zum Bürgerlichen Gesetzbuch, hrsg. v. *Siebert, Wolfgang*, Bd. X – Schuldrecht 8, §§ 652–704, 13. Auflage, Stuttgart, Berlin, Köln 2012.

Bei Kommentaren mit Sachtitel (s. o. I. 2.) ist zuerst dieser zu nennen. Der Sachtitel entscheidet auch über die alphabetische Einordnung des Kommentars in das Literaturverzeichnis. Er wird in kursive Schrift gesetzt, so als ob es sich um den Namen einer Person handelte. Es folgen die Abkürzungen „hrsg. v." und in kursiver Schrift der vollständige Name des Herausgebers. Handelt es sich um mehrere Herausgeber, werden deren Namen durch Schrägstrich voneinander abgetrennt.

B. Wie zitiert man Kommentare?

Beispiel:
Großkommentar zum Aktiengesetz, hrsg. v. *Hopt, Klaus J./Wiedemann, Herbert*, Bd. VII/1 – §§ 221–240, 4. Aufl., Berlin 2012 (zitiert: *Bearbeiter* in Großkomm. AktG)

Hat ein Kommentar mehr als drei Herausgeber, genügt es, wenn nur drei genannt werden und anstelle der anderen der Zusatz „ua" – für „und andere" – gesetzt wird.

Beispiel:
Maunz/Dürig, Grundgesetz-Kommentar, hrsg. v. *Herzog, Roman/Herdegen, Matthias/Klein, Hans H.* ua, Losebl. (Stand: September 2015), München (zitiert: *Bearbeiter* in Maunz/Dürig).

Hat der Kommentar keinen Herausgeber, sondern nur Bearbeiter, dann sind diese nach dem Einschub „bearbeitet von" (abgekürzt „bearb. v.") zu nennen. Die Namen sind kursiv zu schreiben. Bei mehr als drei Bearbeitern genügen die Namen der ersten drei mit dem Zusatz „ua".

Beispiel:
Palandt, Kommentar zum Bürgerlichen Gesetzbuch, bearb. v. *Bassenge, Peter/Brudermüller, Gerd/Ellenberger, Jürgen* ua, 75. Aufl., München 2016.

Regeln

B.14: Bei Kommentaren mit Personennamen wird im Literaturverzeichnis zuerst der vollständige Name des Verfassers oder Herausgebers genannt, letzterer mit dem Zusatz „(Hrsg.)". Danach folgen der ausgeschriebene Titel des Gesetzes sowie das Wort „Kommentar".

B.15: Bei Kommentaren mit Sachnamen wird zuerst dieser genannt. Es folgen der Zusatz „hrsg. v." und der Name des Herausgebers.

B.16: Hat der Kommentar keinen Herausgeber, dann werden nach der Abkürzung „bearb. v." der oder die Bearbeiter genannt.

---

2. Erscheinungsort und -jahr

Im Literaturverzeichnis muss neben dem Erscheinungsjahr auch der Erscheinungsort angegeben werden. Der Erscheinungsort wird zuerst genannt. Es folgt nach einem Leerzeichen das Erscheinungsjahr. S. dazu o. A. VI. 4.

> **Regel**
>
> B.17: Im Literaturverzeichnis müssen Erscheinungsort und -jahr genannt werden.

3. Mehrbändige Kommentare

Bei mehrbändigen Kommentaren muss jeder verwendete Band einzeln aufgeführt werden. Die Nummer des jeweiligen Bandes ist mit der Abkürzung „Bd." in römischen Ziffern anzugeben. Nach einem Gedankenstrich ist der Titel des Bandes aufzuführen. Er besteht in der Regel aus den im Band kommentierten Paragrafen oder Artikeln. Mehrere verwendete Bände können durch Semikola oder Absätze getrennt werden.

„Beispiel:
Münch, Ingo von/Kunig, Philip (Hrsg.), Grundgesetz, Kommentar, Bd. I – Art. 1–69, 6. Aufl., München 2012; Bd. II – Art. 70–146, 6. Aufl., München 2012.

Es ist darauf zu achten, dass Auflage, Erscheinungsort und -jahr für jeden einzeln genannt werden, denn diese können voneinander abweichen.

„Beispiel:
Münchener Kommentar zum Aktiengesetz, hrsg. v. *Goette, Wulf/Habersack, Mathias/Kalss, Susanne*, Bd. II – §§ 76–117, 4. Aufl., München 2014; Bd. III – §§ 118–178, 3. Aufl., München 2013 (zitiert: MüKoAktG/*Bearbeiter*).

> **Regeln**
>
> B.18: Bei mehrbändigen Kommentaren müssen Nummer und Titel der verwendeten Bände sowie die in dem Band kommentierten Paragrafen oder Artikel angegeben werden.
>
> B.19: Für jeden Band müssen Erscheinungsort und -jahr angegeben werden.

4. Angabe der Zitierweise

Wenn es nötig ist, etwa bei Kommentaren mit mehreren Bearbeitern und mehreren Herausgebern, die durch Initialen abgekürzt werden, wird am Ende in Klammern die Zitierweise angegeben. Es ist „*Bearbeiter*" an der Stelle zu schreiben, an der der Bearbeiter in der Fußnote genannt werden soll.

Beispiel:
Ernst, Werner/Zinkahn, Willy/Bielenberg, Walter/Krautzberger, Michael (Hrsg.), Baugesetzbuch, Bd. I, Losebl. (Stand: November 2015), München (zitiert: *Bearbeiter* in EZBK).

> **Regel**
>
> B.20: Wenn es nötig ist, wird die abgekürzte Zitierweise des Kommentars im Literaturverzeichnis angegeben.

Muster für Zitat eines Kommentars in der Fußnote:

1. Wenn kein Literaturverzeichnis erstellt:

   Name des Kommentars/*Bearbeiter*, evtl. Titel, Auflagenzahl Aufl. Erscheinungsjahr, Art. *oder* § Nummer Gesetz Rn. Randnummer.

   oder:

   Bearbeiter in Name des Kommentars, evtl. Titel, Auflagenzahl Aufl. Erscheinungsjahr, Art. *oder* § Nummer Gesetz Rn. Randnummer.

2. Wenn Literaturverzeichnis erstellt:

   Name des Kommentars/*Bearbeiter*, Art. *oder* § Nummer Gesetz Rn. Randnummer.

   oder:

   Bearbeiter in Name des Kommentars, Art. *oder* § Nummer Gesetz Rn. Randnummer.

> **Muster für Zitat eines Kommentars im Literaturverzeichnis:**
>
> 1. Kommentar mit Personenname:
>
>   *Familienname des Hrsg. oder Verf.*, *Vorname/evtl. weitere(r) Hrsg./ Verf.* (Hrsg.), Gesetzestitel, Bd. evtl. Bandnummer (röm.)/ evtl. Teilbandnummer – evtl. Bandtitel, Auflagenzahl Aufl., Erscheinungsort Erscheinungsjahr.
>
> 2. Kommentar mit Sachtitel:
>
>   *Sachtitel*, Gesetzestitel, hrsg. v. *oder* bearb. v. *Familienname des Hrsg. oder Bearb.*, *Vorname/evtl. weitere(r) Hrsg./Bearb.*, Bd. evtl. Bandnummer (röm.)/evtl. Teilbandnummer – evtl. Bandtitel, Auflagenzahl Aufl., Erscheinungsort Erscheinungsjahr.

Abschließende Beispiele für Fußnoten:

[1] Zöller/*Heßler*, 31. Aufl. 2016, § 513 ZPO Rn. 6.

[2] BLAH/*Hartmann*, 74. Aufl. 2016, § 36 ZPO Rn. 2.

[3] MüKoZPO/*Patzina*, 4. Aufl. 2013, § 36 ZPO Rn. 24.

Abschließende Beispiele für Literaturverzeichnis:

Erman, Bürgerliches Gesetzbuch, Kommentar, hrsg. v. *Grunewald, Barbara/Mainer-Reimer, Georg/Westermann, Harm Peter*, Bd. I – §§ 1–758, 14. Aufl., Köln 2014.

Kopp, Ferdinand O./Schenke, Wolf-Rüdiger/Schenke, Ralph Peter, Verwaltungsgerichtsordnung, Kommentar, 19. Aufl., München 2013 (zitiert: *Bearbeiter* in Kopp/Schenke).

Staudinger, Kommentar zum Bürgerlichen Gesetzbuch,

    Buch 1 – Allgemeiner Teil, §§ 125–129, BeurkG, bearb. v. *Hertel, Christian*, Neubearb., Berlin 2012;

    Buch 2 – Recht der Schuldverhältnisse, §§ 765–778, bearb. v. *Horn, Norbert*, Neubearb., Berlin 2013;

    Buch 2 – Recht der Schuldverhältnisse, §§ 826–829, ProdHaftG, bearb. v. *Oechsler, Jürgen*, Neubearb., Berlin 2014

    (zitiert: Staudinger/*Bearbeiter*).

C. Wie zitiert man Aufsätze?

I. Name des Autors

Wird ein Aufsatz in einer Fußnote zitiert, so muss zuerst der Familienname des Autors angegeben werden. Der Vorname wird weggelassen. Die Familiennamen mehrerer Autoren werden durch Schrägstrich voneinander getrennt. Der oder die Autorenname(n) werden kursiv geschrieben.

> Beispiel:
> [1] *Mühle/Weitbrecht* EuZW 2014, 209 (215).

Übliche Zitierweise in Praktiker-/Lehrbuchliteratur, va bei C.H.BECK:
Der Autorenname kann auch in gerader Schrift gesetzt werden.

Regel

C.1: In der Fußnote wird nur der Familienname des Autors oder der Autoren des Aufsatzes angegeben.

II. Titel der Zeitschrift

Auf den Familiennamen des Autors folgt der Titel der Zeitschrift, in der der Aufsatz erschienen ist. Da Zeitschriftenaufsätze die aktuellen Entwicklungen wiedergeben, werden sie häufig zitiert und ihre Zitierweise ist entsprechend platzsparend zu halten. Zwischen den Autorennamen und den Zeitschriftentitel wird daher kein Komma gesetzt (Änderung zur 1. Aufl. der Zitierfibel). Der Zeitschriftenname ist abzukürzen, außer wenn es sich um eine wenig bekannte Zeitschrift handelt. Eine Liste der Abkürzungen von Fachzeitschriften finden Sie im Anhang I. 9.

Bei Zeitschriften mit zweisprachigem Titel kann es sich empfehlen, beide Versionen mit Schrägstrich abgetrennt anzugeben.

> **Beispiele:**
> ¹ *Meessen* German Yearbook of International Law/Jahrbuch für Internationales Recht 27 (1984), 97 (98).
> ² *Grünberger* GPR 2015, 91 (92).

Regeln

C.2: Auf den Namen des Autors folgt ohne Komma der Titel der Zeitschrift.

C.3: Der Titel der Zeitschrift ist abzukürzen, außer wenn es sich um eine wenig bekannte Zeitschrift handelt.

III. Band und/oder Jahrgang

Nach dem Titel der Zeitschrift folgen ein Leerzeichen und die Nummer des Bandes, in dem sich der Aufsatz befindet. Hinter den Band wird in Klammern das Jahr vierstellig geschrieben, in dem er erschienen ist.

> **Beispiel:**
> ¹ *Fabricius* AcP 162 (1963), 456 (459).

Sind die Bände einer Zeitschrift nicht nummeriert, gibt man nur den Jahrgang an, und zwar ohne Klammern.

> **Beispiel:**
> ¹ *Teichmann* ZIP 2014, 1049 (1051).

Erstreckt sich der Band auf zwei Jahre, werden beide, getrennt durch einen Schrägstrich, angegeben.

Besonders ist darauf zu achten, dass bei manchen Zeitschriften die Zählung gewechselt hat. In diesem Fall zitiert man nach der neuen Zählweise, muss aber darauf hinweisen. Daher ist nach der Nummer des Bandes „N. F." für „neue Folge" zu schreiben.

> **Beispiel:**
> ¹ *v. Senger* ZSR 123 N. F. (2004), 277 (283).

Handelt es sich um eine Sonderbeilage oder ein Beiheft, so muss darauf hingewiesen werden. Für Sonderbeilagen kann die Abkürzung „Sonderbeil." verwendet werden. Die Nummer und das Erscheinungsjahr sind anzugeben.

Beispiel:
[1] *Kümpel* WM-Sonderbeil. 1/1981, 17.

> **Regeln**
>
> C.4: Bei Zeitschriften mit nummerierter Folge wird die Nummer des Bandes angegeben. Danach wird in Klammern der Jahrgang hinzugefügt.
>
> C.5: Sind die Bände nicht nummeriert, gibt man nur den Jahrgang ohne Klammern an.

IV. Seite

Auf den Jahrgang folgt die Anfangsseite des Aufsatzes. Diese muss auch dann genannt werden, wenn ein Literaturverzeichnis erstellt wurde.

Die Anfangsseite wird vom Jahrgang durch Komma abgetrennt. Ein „S." für „Seite" muss nicht geschrieben werden.

Beispiel:
[1] *Ernst* NJW 2014, 817 (820).

Bei mehrteiligen Aufsätzen wird nur die Anfangsseite des Teils genannt, auf den man sich bezieht.

Beispiel:
[1] *Hopt* ZHR 141 (1977), 389 (431).

Nach der Anfangsseite muss die genaue Seite genannt werden, auf die Bezug genommen wird. Man setzt sie hinter die Anfangsseite in Klammern.

> **Beispiel:**
> [1] *Wernsmann* JZ 2014, 23 (26).

Ist die zitierte Seite zugleich die Anfangsseite, bleibt es bei der Nennung der Anfangsseite.

> **Beispiel:**
> [1] *Wernsmann* JZ 2014, 23.

Hat die Seite keine Seitenzahl, so wird stattdessen auf das Heft und die Rubrik hingewiesen.

> **Beispiel:**
> [1] *Schalast* BB 2014, Heft 23, „Die Erste Seite".

Möchte man eine Stelle ganz genau zitieren, so kann man bei zweispaltigen Zeitschriften „re. Sp." für „rechte Spalte" und „li. Sp." für „linke Spalte" schreiben. Normalerweise ist solche Genauigkeit aber nicht notwendig.

Regeln

C.6: In der Fußnote sind die Anfangsseite und die genaue Seite, auf die man sich bezieht, anzugeben.

C.7: Die genaue Seite wird in Klammern hinter die Anfangsseite gesetzt.

V. Abweichungen im Literaturverzeichnis

1. Vorname des Autors

Im Literaturverzeichnis muss nach dem Familiennamen auch der Vorname des Autors angegeben werden. S. dazu im Einzelnen o. A. VI. 1.

> **Beispiel:**
> *Kümpel, Siegfried,* Zur Problematik des Vorlegungserfordernisses bei Namens-Papieren am Beispiel der Namens-Schuldverschreibung und des Sparbuches, WM-Sonderbeil. 1981/1, 2–38.

> **Regel**
>
> C.8: Im Literaturverzeichnis sind der Familienname und der Vorname des Autors anzugeben.

2. Titel des Aufsatzes

In Fußnoten ist es unüblich, den Titel des Aufsatzes zu nennen. Dagegen muss er im Literaturverzeichnis zwingend angegeben werden. Der Titel ist so zu schreiben, wie er am Beginn des Aufsatzes steht. Er darf weder abgekürzt noch in Anführungszeichen gesetzt werden. Der Titel des Aufsatzes ist wie gewöhnlich durch ein Komma vom Namen des Autors zu trennen.

Hat der Aufsatz einen Untertitel, so kann dieser hinzugesetzt werden, wenn sich der Inhalt des Aufsatzes oder seine Bedeutung für die eigene Arbeit erst aus ihm erkennen lässt. S. dazu o. A. VI. 2.

Will man eine Buchbesprechung zitieren, so gibt man den Titel des Buches an, das der Autor bespricht.

Beispiel:
Hamann, Andreas, Besprechung zu Pietzner, Rainer, Petitionsausschuß und Plenum, DVBl. 1975, 116.

> **Regeln**
>
> C.9: Im Literaturverzeichnis muss der Titel des Aufsatzes genannt werden.
>
> C.10: Einen Untertitel führt man nur an, wenn er für das Verständnis des Titels bedeutsam ist.
>
> C.11: Zitiert man eine Buchbesprechung, ist der Titel des Buches anzugeben, das der Autor bespricht.

3. Anfangs- und Endseite

Im Literaturverzeichnis folgen nach der Anfangsseite ein Gedankenstrich und die Endseite des Aufsatzes. Weithin üblich ist es, die Endseite gar nicht oder an ihrer Stelle die Abkürzung „ff." für „folgende" zu setzen. Die Angabe der Endseite hat jedoch mehrere Vorteile: Zum einen kann der Leser abschätzen, welchen Umfang der zitierte Aufsatz hat, wodurch sich manchmal – nicht immer – Rückschlüsse auf seine Bedeutung ziehen lassen. Zum anderen zeigt die Angabe der Endseite, dass man den zitierten Aufsatz wirklich in den Händen gehalten hat und nicht nur blind aus einer anderen Quelle zitiert.

Bei mehrteiligen Aufsätzen müssen die Anfangs- und Endseiten aller Teile angegeben werden. Zur Verdeutlichung, um welche Teile es sich handelt, kann man den Teil in Klammern nennen.

Beispiel:
Hopt, Klaus J., Vom Aktien- und Börsenrecht zum Kapitalmarktrecht?, ZHR 140 (1976), 201–235 (1. Teil); 141 (1977), 389–441 (2. Teil).

Regel

C.12: Im Literaturverzeichnis muss neben der Anfangs- auch die Endseite des Aufsatzes angegeben werden. Beide werden durch einen Gedankenstrich ohne Leerzeichen getrennt.

Muster für Zitat eines Aufsatzes in der Fußnote:

Familienname des Autors/evtl. weitere(r) Autor(en) Zeitschrift (abgekürzt) Bandnummer (Jahrgang), Anfangsseite (genaue Seite(n)).

bzw. für Zeitschriften ohne Bandzählung:

Familienname des Autors/evtl. weitere(r) Autor(en) Zeitschrift (abgekürzt) Jahrgang, Anfangsseite (genaue Seite(n)).

> **Muster für Zitat eines Aufsatzes im Literaturverzeichnis:**
>
> *Familienname des Autors, Vorname/evtl. weitere(r) Autor(en)*, Aufsatztitel, Zeitschrift (ggf. ausschreiben) Bandnummer (Jahrgang), Anfangsseite–Endseite.
>
> *bzw. für Zeitschriften ohne Bandzählung:*
>
> *Familienname des Autors, Vorname/evtl. weitere(r) Autor(en)*, Aufsatztitel, Zeitschrift (ggf. ausschreiben) Jahrgang, Anfangsseite–Endseite.

Abschließende Beispiele für Fußnote:

[1] *Freitag* AcP 213 (2013), 128 (137).

[2] *Mühle/Weitbrecht* EuZW 2014, 209 (215).

[3] *Paulus* ZIP 2014, 905 (906).

Abschließende Beispiele für Literaturverzeichnis:

Freitag, Robert, Die Geldschuld im europäischen Privatrecht, AcP 213 (2013), 128–167.

Klöhn, Lars, Der Aufschub der Ad-hoc-Publizität wegen überwiegender Geheimhaltungsinteressen des Emittenten (§ 15 Abs. 3 WpHG), ZHR 178 (2014), 55–98.

Koller, Ingo, Der gutgläubige Erwerb von Sammeldepotanteilen an Wertpapieren im Effektengiroverkehr, DB 1972, 1857–1861 (1. Teil); 1905–1909 (2. Teil).

D. Wie zitiert man Beiträge in Festschriften oder anderen Sammelwerken?

Vorbemerkung: Was sind Festschriften und andere Sammelwerke?

Sammelwerke sind Sammlungen von Beiträgen verschiedener Autoren. Festschriften sind Sammelwerke, die aus Anlass eines bestimmten Ereignisses, zum Beispiel eines Geburtstages eines renommierten Wissenschaftlers oder des Jubiläums der Schaffung eines Instituts oder Gerichts, herausgegeben werden. Andere Sammelwerke können zB Beiträge zu einer wissenschaftlichen Tagung enthalten.

I. Name des Autors des Beitrages

In der Fußnote wird zunächst der Familienname des Autors des Beitrages in kursiver Schrift angegeben. Bei verwechslungsfähigen Familiennamen ist der Vorname abgekürzt voranzustellen. Vgl. o. A. I. 2.

Übliche Zitierweise in Praktiker-/Lehrbuchliteratur, va bei C.H.BECK: Der Autorenname kann auch in gerader Schrift gesetzt werden.

> **Regel**
>
> D.1: Das Zitat des Beitrages in einem Sammelwerk beginnt mit dem Familiennamen des Autors des Beitrages in kursiver Schrift.

II. Titel des Sammelwerkes

Nach dem Familiennamen des Autors folgt die Abkürzung „FS" für eine Festschrift, bzw. „FG" für eine Festgabe oder „GS" für eine Gedächtnisschrift. Ebenso wie Zeitschriftenaufsätze werden die aktuellen Entwicklungen in Festschriftbeiträgen häufig zitiert

D. Wie zitiert man Beiträge in Festschriften?

und ihre Zitierweise ist entsprechend platzsparend zu halten. Die Abkürzung folgt daher direkt, dh ohne Komma, auf den Familiennamen des Autors (Änderung gegenüber der 1. Aufl. der Zitierfibel). Nach der Abkürzung wird der Familienname des Jubilars geschrieben.

Beispiel:
[1] *Klinke* FS Schurig, 2012, 108 (115).

Ein zusätzlicher Sachtitel der Festschrift wird weggelassen. Ebenso wenig wird angeben, um den wievielten Geburtstag es sich handelt. Verwechslungen werden über die Angabe des Erscheinungsjahres ausgeschlossen.

Beispiel:
[1] *Georgiades* FS Larenz, 1973, 409 (424).

Die Angabe des Herausgebers ist bei Festschriften entbehrlich. Dagegen ist er bei anderen Sammelwerken stets zu nennen. Hinter den Familiennamen wird in Klammern der Zusatz „Hrsg." gesetzt. Erst danach folgt der Titel des Sammelwerkes. Handelt es sich um einen besonders langen Titel, kann er abgekürzt werden, wenn man ein Literaturverzeichnis erstellt und dort den vollständigen Titel angegeben hat, s. u. V. 3.

Beispiel:
[1] *Drobnig* in Kreuzer (Hrsg.), Abschied vom Wertpapier?, 1988, 11 (13).

Hat das Sammelwerk mehr als drei Herausgeber, kann man nach dem Namen des dritten den Zusatz „ua" setzen und die anderen weglassen.

Regeln

D.2: Bei Festschriften ist der Name des Jubilars zu nennen.

D.3: Bei anderen Sammelwerken nennt man den oder die Herausgeber mit dem Zusatz „(Hrsg.)" und dann den Titel des Sammelwerkes.

III. Erscheinungsjahr

Anschließend wird das Erscheinungsjahr des Sammelwerkes genannt. Zu beachten ist, dass dieses vom Datum des Ereignisses oder der Veranstaltung, welches den Anlass zum Werk gegeben hat, verschieden sein kann. Es ist immer das Erscheinungsjahr, nicht das Veranstaltungsjahr anzugeben. Das Erscheinungsjahr kann weggelassen werden, wenn ein Literaturverzeichnis erstellt wurde.

> **Regel**
>
> D.4: Das Erscheinungsjahr des Sammelwerkes muss stets angegeben werden, es sei denn, es wurde ein Literaturverzeichnis erstellt.

IV. Seite

Danach ist die Anfangsseite des Beitrages zu nennen. Hinter die Anfangsseite ist in Klammern die genaue Seite, auf die Bezug genommen wird, anzugeben. Vgl. o. C. IV.

Beispiel:
[1] *Unberath* FS Hruschka, 2005, 719 (743).

> **Regeln**
>
> D.5: Bei Beiträgen in Sammelwerken ist die Anfangsseite (ohne „S.") anzugeben.
>
> D.6: Auf die Anfangsseite folgt in Klammern die genaue Seite, auf die Bezug genommen wird.

V. Abweichungen im Literaturverzeichnis

1. Vorname des Autors des Beitrages

Im Literaturverzeichnis ist nach dem Familiennamen auch der Vorname des Autors des Beitrages anzugeben. Vgl. o. A. VI. 1.

Beispiel:
Noack, Ulrich, Globalurkunde und unverkörperte Mitgliedschaften bei der kleinen Aktiengesellschaft, in: Festschrift für Herbert Wiedemann, München 2002, S. 1141–1159.

> **Regel**
>
> D.7: Im Literaturverzeichnis ist neben dem Familiennamen auch der Vorname des Autors anzugeben.

2. Titel des Beitrages

Nach dem Namen des Autors folgt im Literaturverzeichnis der Titel des Beitrags. Er wird so, wie er im am Beginn des Beitrages steht, übernommen.

Hat der Beitrag einen Untertitel, so kann dieser hinzugefügt werden, wenn sich der Inhalt des Beitrages oder seine Bedeutung für die eigene Arbeit erst aus ihm erkennen lässt. S. dazu o. A. VI. 2.

> **Regeln**
>
> D.8: Im Literaturverzeichnis ist der Titel des Beitrages anzugeben.
>
> D.9: Ein Untertitel kann hinzugesetzt werden.

3. Ausführlicher Titel des Sammelwerkes

Im Literaturverzeichnis ist, nach einem Komma und dem Präfix „in" mit Doppelpunkt, der Titel der Festschrift vollständig anzugeben, so wie er auf der Titelseite steht. Begriffe wie „Festschrift" oder „Festgabe" sind auszuschreiben. Hat die Festschrift neben dem Namen des Jubilars einen Sachtitel, ist dieser ebenfalls wie auf der Titelseite anzugeben.

Beispiel:
Ipsen, Knut, Rechtsberatung und Auslandseinsatz der Bundeswehr, in: Kriminalpolitik und ihre wissenschaftlichen Grundlagen, Festschrift für

Professor Dr. Hans-Dieter Schwind zum 70. Geburtstag, Heidelberg ua 2006, S. 58–73.

Bei mehrbändigen Festschriften ist der Band zu nennen, in dem sich der Beitrag befindet. Dabei sind die Abkürzung „Bd." und römische Ziffern zu verwenden.

Beispiel:
Lorenz, Werner, Vorzugsrechte beim Vertragsabschluß, in: Vom deutschen zum europäischen Recht, Festschrift für Hans Dölle, Bd. I, Tübingen 1963, S. 103–133.

Bei anderen Sammelwerken ist im Literaturverzeichnis der Name des Herausgebers vollständig anzugeben. Dabei ist der Vorname, durch Komma abgetrennt, hinter den Familiennamen zu setzen. Es folgt der Zusatz „(Hrsg.)". Danach muss der vollständige Titel des Sammelwerkes genannt werden.

Beispiel:
Drobnig, Ulrich, Dokumenteloser Effektenverkehr, in: *Kreuzer, Karl* (Hrsg.), Abschied vom Wertpapier? Dokumentelose Wertbewegungen im Effekten-, Gütertransport- und Zahlungsverkehr, Frankfurt a. M. 1988, S. 11–41.

Regeln

D.10: Im Literaturverzeichnis ist der Titel der Festschrift vollständig mitsamt dem Vornamen des Jubilars anzugeben.

D.11: Bei mehrbändigen Festschriften ist der jeweilige Band anzugeben, in dem sich der Beitrag befindet.

D.12: Bei anderen Sammelwerken sind im Literaturverzeichnis der Familienname und der Vorname des Herausgebers zu nennen.

D.13: Der Titel des Sammelwerkes ist im Literaturverzeichnis ausführlich anzugeben.

---

4. Erscheinungsort und -jahr

Im Literaturverzeichnis muss neben dem Erscheinungsjahr auch der Erscheinungsort des Sammelwerkes angegeben werden. Zunächst ist der Erscheinungsort, nach einem Leerzeichen dann das Erscheinungsjahr zu nennen.

> **Regel**
>
> D.14: Im Literaturverzeichnis ist vor dem Erscheinungsjahr der Erscheinungsort des Sammelwerkes anzugeben.

5. Anfangs- und Endseite

Im Literaturverzeichnis ist schließlich die Anfangs- und Endseite des Beitrages anzugeben. Zwischen beide ist ein Gedankenstrich zu setzen. Abweichend zu Zeitschriften (o. C. V. 3) wird „S." als Hinweis auf die Seitenzahlen vorangestellt.

> **Regel**
>
> D.15: Im Literaturverzeichnis müssen die Anfangs- und die Endseite des Beitrages genannt werden, denen ein „S." für Seiten vorangestellt wird.

Muster für Zitat in der Fußnote:

1. Beitrag in einer Festschrift, wenn kein Literaturverzeichnis erstellt:

   Familienname des Autors FS Familienname des Jubilars, Erscheinungsjahr, Anfangsseite (genaue Seite(n)).

2. Beitrag in einer Festschrift, wenn Literaturverzeichnis erstellt:

   Familienname des Autors FS Familienname des Jubilars, Anfangsseite (genaue Seite(n)).

3. Beitrag in einem anderen Sammelwerk, wenn kein Literaturverzeichnis erstellt:

   Familienname des Autors in Familienname des Herausgebers (Hrsg.), Titel des Sammelwerks, Erscheinungsjahr, Anfangsseite (genaue Seite(n)).

4. Beitrag in einem anderen Sammelwerk, wenn Literaturverzeichnis erstellt:

Familienname des Autors in Familienname des Herausgebers (Hrsg.), Titel des Sammelwerks, Anfangsseite (genaue Seite(n)).

Muster für Zitat im Literaturverzeichnis:

1. Festschrift:

Familienname des Autors, Vorname, Beitragstitel, in: vollständiger Titel der Festschrift, Erscheinungsort Erscheinungsjahr, S. Anfangsseite–Endseite.

2. Anderes Sammelwerk:

Familienname des Autors, Vorname, Beitragstitel, in: *Familienname des Hrsg., Vorname* (Hrsg.), vollständiger Titel des Sammelwerks, Erscheinungsort Erscheinungsjahr, S. Anfangsseite–Endseite.

Abschließende Beispiele für Fußnoten:
1. Fußnoten eines Texts ohne Literaturverzeichnis:

[1] *Ipsen* FS Schwind, 2006, 58 (60).

[2] *Drobnig* in Kreuzer (Hrsg.), Abschied vom Wertpapier?, 1988, 11 (13).

2. Fußnoten eines Texts mit Literaturverzeichnis:

[1] *Ipsen* FS Schwind, 58 (60).

[2] *Drobnig* in Kreuzer (Hrsg.), Abschied vom Wertpapier?, 11 (13).

Abschließende Beispiele für Literaturverzeichnis:
Ipsen, Knut, Rechtsberatung und Auslandseinsatz der Bundeswehr in Kriminalpolitik und ihre wissenschaftlichen Grundlagen, in: Festschrift für Professor Dr. Hans-Dieter Schwind zum 70. Geburtstag, Heidelberg ua 2006, S. 58–73.

Rieger, Harald, Gesetzeswortlaut und Rechtswirklichkeit im Aktiengesetz, in: Festschrift für Martin Peltzer, Köln 2001, S. 339–357.

Unberath, *Hannes*, Die Bindung an den Vertrag – Zur Bedeutung Kants für die neuere Diskussion um die Grundlagen des Privatrechts, in: Philosophia Practica Universalis, Festschrift für Joachim Hruschka, Berlin 2005, S. 719–748.

E. Wie zitiert man Urteile und andere gerichtliche Entscheidungen?

Vorbemerkung: Wo sind gerichtliche Entscheidungen zu zitieren?

Gerichtliche Entscheidungen werden nur in Fußnoten zitiert; in das Literaturverzeichnis sind sie nicht aufzunehmen. Vgl. u. M. III. Die nachfolgenden Regeln gelten daher nur für Fußnoten.

I. Wie zitiert man Entscheidungen deutscher Gerichte?

Ein Gericht kann verschiedene Arten von Entscheidungen erlassen. Die Zivilprozessordnung etwa sieht Urteile, Beschlüsse und Verfügungen vor.[3] Die nachfolgenden Regeln beziehen sich auf alle Arten gerichtlicher Entscheidungen, die zitierfähig sind.

Es gibt eine ausführliche und eine kurze Art, wie man gerichtliche Entscheidungen zitiert. Die ausführliche umfasst die Entscheidungsform, das Datum der Entscheidung, das Aktenzeichen, die Fundstelle, die Randnummer und den Entscheidungsnamen. Die kurze Art beschränkt sich dagegen auf die Fundstelle.

Beispiel:
[1] BGH Urt. v. 10.10.2012 – IV ZR 10/11, BGHZ 195, 93 (100).

oder:

[1] BGHZ 195, 93 (100).

Die ausführliche Art des Zitats wird meist in der Rechtsprechung verwendet. Viele Fachzeitschriften bevorzugen hingegen die kurze Art, zB NJW und JuS. Die kurze Art hat den Vorteil, dass sie Platz spart. Dagegen erleichtert die ausführliche Art dem Leser das Auffinden von Parallelfundstellen; auch kann er die Entscheidung in elektronischen Datenbanken oder im Internet leichter finden. Im Folgenden werden beide Arten dargestellt.

---

[3] Siehe §§ 313, 329 ZPO.

E. Wie zitiert man Urteile?

Übliche Zitierweise in Praktiker-/Lehrbuchliteratur, va bei C.H.BECK:
Das Zitat kann auch auf Datums- und/oder Aktenzeichenangabe gekürzt werden; zusätzlich sollte aber möglichst jede Entscheidung mit einer Zeitschriftenfundstelle zitiert werden.

Beispiel:
BGH 21.4.2015 – XI ZR 234/14, NJW 2015, 2493 (2497).
oder
BGH 21.4.2015, NJW 2015, 2493 (2497).
oder
BGH XI ZR 234/14, NJW 2015, 2493 (2497).

1. Bezeichnung des Gerichts

Das Entscheidungszitat beginnt normalerweise mit der Bezeichnung des Gerichts, das entschieden hat. Die Bezeichnung ist in gerader Schrift zu schreiben und abzukürzen. Die Abkürzungen wichtiger Gerichte finden Sie im Anhang I. 1. dieser Fibel. Nach der Bezeichnung des Gerichts folgt kein Komma, da Gerichtsentscheidungen häufig auftauchen und daher platzsparend zitiert werden sollten (Änderung gegenüber der 1. Aufl. der Zitierfibel).

Beispiel:
[1] BGH Urt. v. 14.1.2002 – II ZR 354/99, NJW 2002, 1340.
oder:
[1] BGH NJW 2002, 1340.

Bei der kurzen Art des Zitats entfällt die Angabe des Gerichts, wenn aus der amtlichen Sammlung zitiert wird.

Beispiel:
[1] BGHZ 150, 164 (166).

Keine einheitliche Übung gibt es hinsichtlich der Frage, ob bei einem Oberverwaltungsgericht das Bundesland oder die Stadt genannt wird, in der das Gericht seinen Sitz hat.

Beispiel:
VGH München oder BayVGH

Sie müssen sich für eine der beiden Varianten entscheiden und diese konsequent durchhalten. Bei wissenschaftlichen Publikationen ist es empfehlenswert, sich über die Übung der jeweiligen Fachzeitschrift zu informieren.

Die Bezeichnung des Spruchkörpers, wie Kammer oder Senat, ist wegzulassen. Etwas anderes gilt nur beim Großen Senat des Bundesgerichtshofs und bei Kammerentscheidungen des Bundesverfassungsgerichts. Bei ihnen ist üblich, auf den Spruchkörper hinzuweisen.

Beispiele:
[1] BGH, Großer Senat, Urt. v. 29.3.2012 – GSSt 2/11, BGHSt 57, 202.

[2] BVerfG, 3. Kammer des Ersten Senats, Beschl. v. 25.8.1994 – 1 BvR 1423/92, NJW 1994, 2943.

oder:

[1] BGHSt (GrS) 57, 202.

[2] BVerfG (3. Kammer des Ersten Senats) NJW 1994, 2943.

Hat der Gemeinsame Senat der Obersten Gerichtshöfe des Bundes entschieden, ist dies hervorzuheben.

Beispiel:
[1] Gemeinsamer Senat der Obersten Gerichthöfe des Bundes Beschl. v. 5.4.2000, GmS-OGB 1/98, BGHZ 144, 160.

oder:

[1] BGHZ (GmS-OGB) 144, 160.

Regeln

E.1: Das Zitat eines Urteils beginnt mit der abgekürzten Bezeichnung des Gerichts. Bei der kurzen Art des Zitats entfällt die Bezeichnung des Gerichts, wenn aus der amtlichen Sammlung zitiert wird.

E.2: Die Bezeichnung des Spruchkörpers ist in der Regel wegzulassen.

2. Form, Datum und Aktenzeichen der Entscheidung

Bei der ausführlichen Art des Zitats nennt man hinter dem Namen des Gerichts zunächst die Entscheidungsform. Ein Urteil wird mit „Urt.", ein Beschluss mit „Beschl.", eine Verfügung mit „Vfg." abgekürzt. Dahinter setzt man ein „v." für „vom" und das Datum der Entscheidung. Es folgen ein Gedankenstrich und das Aktenzeichen. Erst das Aktenzeichen erlaubt eine eindeutige Identifizierung, weil ein Gericht oft mehrere Entscheidungen am selben Tag trifft.

Beispiel:
[1] BGH Urt. v. 14.3.2005 – II ZR 5/03, NZG 2005, 508.

Das Datum und das Aktenzeichen der Entscheidung stehen in der Veröffentlichung meist unter dem Leitsatz. Das Aktenzeichen setzt sich folgendermaßen zusammen: Die erste Ziffer bezeichnet den Spruchkörper. Die nachfolgenden Buchstaben deuten auf die Art der Rechtssache hin. So steht zum Beispiel „S" für Berufungen in Zivilsachen zum Landgericht oder „StR" für Revisionen in Strafsachen. Eine vollständige Liste der verwendeten Zeichen findet sich am Ende des *Schönfelders* unter „Anhang Registerzeichen".

Die letzten beiden Ziffern des Aktenzeichens geben an, wann die Rechtssache bei Gericht eingegangen ist. So bedeutet „5/03", gelesen „fünf aus null drei", dass es sich um die fünfte Sache handelt, die im Jahr 2003 bei dem jeweiligen Gericht anhängig gemacht wurde.

Regel

E.3: Bei der ausführlichen Art des Zitats sind die Form und das Datum der Entscheidung sowie das Aktenzeichen anzugeben.

---

3. Name der Sammlung oder Zeitschrift

Danach folgt die Angabe der Fundstelle. Sie beginnt mit der Sammlung oder Zeitschrift, aus der zitiert wird. Ist eine Entscheidung in eine amtliche Sammlung aufgenommen, so wird aus ihr zitiert. Amtliche Entscheidungssammlungen gibt es für alle obersten Gerichtshöfe. Zu den Abkürzungen s. Anhang I. 8.

Beispiel:
¹ BGH Urt. v. 12.3.2002 – IX ZR 258/01, BGHZ 150, 164 (166).

oder:

¹ BGHZ 150, 164 (166).

Entscheidungen des Bundesverfassungsgerichts werden stets in die amtliche Sammlung aufgenommen.[4] Kammerbeschlüsse können bei besonderem Interesse ebenfalls in die amtliche Sammlung aufgenommen werden,[5] doch ist dies praktisch nur selten der Fall. Andere Gerichte, wie etwa der Bundesgerichtshof, nehmen nur bestimmte, besonders wichtige Entscheidungen in die amtliche Sammlung auf. Dass die Entscheidung zur Aufnahme in die amtliche Sammlung bestimmt ist, lässt sich in der NJW an dem Zeichen „*" in der Titelzeile erkennen; ältere Ausgaben verwenden das Zeichen „†". Die Fundstelle in der amtlichen Sammlung können Sie zB über beck-online[6] herausfinden.

Neben den amtlichen gibt es noch weitere Sammlungen, die nicht von Mitgliedern des Gerichts, sondern von privater Seite herausgegeben werden. Beispiele sind etwa der Lindenmaier-Möhring – abgekürzt „LM" – für Entscheidungen des Bundesgerichtshofes oder das Nachschlagewerk des Bundesarbeitsgerichts: Arbeitsrechtliche Praxis – abgekürzt „AP".

Beispiel:
¹ BGH Urt. v. 28.9.1962 – V ZR 8/61, LM Nr. 16 zu § 433 BGB Bl. 2.

oder:

¹ BGH LM Nr. 16 zu § 433 BGB Bl. 2.

Übliche Zitierweise in der Praktikerliteratur (va C.H.BECK):
Beachte zur abweichenden Reihenfolge von Gesetzesname und -zitat die Erläuterungen unter 4.

Ist die Entscheidung nicht in der amtlichen Sammlung enthalten, so muss eine nichtamtliche Sammlung oder Zeitschrift zitiert wer-

---

[4] § 31 Abs. 1 GO-BVerfG.
[5] § 31 Abs. 3 GO-BVerfG.
[6] http://www.beck-online.de.

E. Wie zitiert man Urteile?

den, in der sie veröffentlicht wurde. Zur Angabe des Titels der Zeitschrift s. o. C. II. Zum Zitieren von Entscheidungen, die sich nur in Datenbanken finden, s. u. unter 7. Ist die Entscheidung in mehreren Zeitschriften veröffentlicht, soll die bekannteste oder am weitesten verbreitete gewählt werden. Dadurch wird dem Leser das Auffinden erleichtert.

Regeln

E.4: Entscheidungen werden aus der amtlichen Sammlung zitiert, sofern sie dort veröffentlicht sind.

E.5: Ansonsten wird die Fundstelle in der bekanntesten oder am weitesten verbreiteten Zeitschrift angeführt.

---

4. Band

Nach dem Namen der Sammlung oder Zeitschrift ist der Band zu nennen, in dem die Entscheidung abgedruckt ist.

Beispiel:
[1] BVerfG Urt. v. 19.6.2012 – 2 BvE 4/11, BVerfGE 131, 152.
oder:
[1] BVerfGE 131, 152.

Bei manchen Sammlungen sind die Bände nach Vorschriften eingeteilt. In diesem Fall sind die Nummer der Entscheidung und die Vorschrift, unter der sie eingeordnet ist, zu zitieren. Dazwischen setzt man das Wort „zu".

Beispiel:
[1] BAG Urt. v. 22.6.1993 – 1 AZR 590/92, AP Nr. 11 zu § 611a BGB.
oder:
[1] BAG AP Nr. 11 zu § 611a BGB.

Übliche Zitierweise in Praktiker-/Lehrbuchliteratur, va bei C.H.BECK: Bei Zitaten aus „Lindenmaier-Möhring" (LM) oder „Arbeitsrechtliche Praxis" (AP) wird zuerst die Vorschrift, unter der die Entscheidung eingeordnet ist, und dann die Nummer der Entscheidung zitiert. Außerdem ist das Gesetz vor dem jeweiligen Paragrafen zu nennen.

Beispiel:
[1] BAG Urt. v. 22.6.1993 – 1 AZR 590/92, AP BGB § 611a Nr. 11.

Ist die Entscheidung in einer Zeitschrift abgedruckt, sind der Band und/oder der Jahrgang nach den Regeln für Aufsätze anzugeben, s. dazu o. C. III.

Beispiel:
[1] BGH Urt. v. 14.1.2002 – II ZR 354/99, NJW 2002, 1340.

oder:

[1] BGH NJW 2002, 1340.

Regeln

E.6: Auf den Namen der amtlichen Sammlung folgt der Band, aus dem zitiert wird.

E.7: Wird aus einer Sammlung zitiert, die nach Vorschriften gegliedert ist, so sind die Nummer der Entscheidung und die Vorschrift zu nennen, unter der sie eingeordnet ist.

E.8: Wird aus einer Zeitschrift zitiert, so wird der Band wie bei Aufsätzen genannt.

---

5. Seite

Nach dem Jahrgang bzw. der Bandzahl ist die Seite zu nennen, auf der der Abdruck der Entscheidung beginnt.

Beispiel:
[1] BGH Urt. v. 25.10.2012 – III ZR 266/11, BGHZ 195, 174.

oder:

[1] BGHZ 195, 174.

Die Angabe der Anfangsseite entfällt, wenn die Sammlung nach Vorschriften gegliedert ist, s. dazu o. unter 4.

Nach der Anfangsseite ist in Klammern die genaue Seite, auf die man sich bezieht, zu nennen, vgl. dazu o. A. V. 2. Es ist darauf zu achten, dass bei manchen Sammlungen nicht die Seiten, sondern die Blätter nummeriert sind. In diesem Fall muss die Abkürzung

„Bl." für „Blatt" geschrieben werden. Wird von der Rückseite eines Blattes zitiert, muss ein „R" hinter die Nummer des Blattes gesetzt werden.

Beispiel:
[1] BAG Urt. v. 15.3.1995 – 7 AZR 643/94, AP Nr. 105 zu § 37 BetrVG 1972 Bl. 3 R.
oder:
[1] BAG AP Nr. 105 zu § 37 BetrVG 1972 Bl. 3 R.

Um diesen Schwierigkeiten zu entgehen, kann statt der Seite der Gliederungspunkt der Gründe zitiert werden, auf den man Bezug nimmt.

Beispiel:
[1] BAG Urt. v. 10.3.1988 – 8 AZR 420/85, AP Nr. 99 zu § 611 BGB Fürsorgepflicht (I 3 der Gründe).
oder:
[1] BAG AP Nr. 99 zu § 611 BGB Fürsorgepflicht (I 3 der Gründe).

Regeln

E.9: Nach dem Band ist die Anfangsseite des Abdrucks der Entscheidung anzugeben.

E.10: Nach der Anfangsseite ist in Klammern die genaue Seite zu nennen, von der zitiert wird.

---

6. Parallelfundstellen

Neben der amtlichen Sammlung oder einer Zeitschrift müssen keine weiteren Fundstellen für dieselbe Entscheidung genannt werden. Man kann dies aber tun, um das Auffinden zu erleichtern. In diesem Fall ist nach der ersten Fundstelle das Zeichen „=" und danach die Parallelfundstelle zu setzen. Bei der Angabe von Parallelfundstellen muss die genaue Seite nur für die erste Fundstelle genannt werden.

Beispiel:
[1] BGH Urt. v. 13.3.2003 – VII ZR 370/98, BGHZ 154, 185 (190) = NZG 2003, 431.

oder:

[1] BGHZ 154, 185 (190) = NZG 2003, 431.

Regel

E.11: Falls eine Parallelfundstelle angegeben werden soll, ist diese nach dem Zeichen „=" zu nennen.

---

7. Fundstellen in Datenbanken

Allgemein sollte man vermeiden, aus Datenbanken zu zitieren, da diese häufig nicht jedermann zugänglich oder kostenpflichtig sind und viele Leser das Arbeiten mit gedruckten Werken bevorzugen. Ist eine Entscheidung daher in einer Zeitschrift veröffentlicht, so sollte aus ihr zitiert werden.

Es gibt aber auch Entscheidungen, die sich nur in Datenbanken finden lassen. Es sind die Entscheidungsform (zB „Urt.") und das Datum der Entscheidung sowie das Aktenzeichen anzugeben. Dahinter setzt man in Klammern einen Hinweis, in welcher Datenbank die Entscheidung geführt wird. Es empfiehlt sich, die von der Datenbank gebrauchte Referenznummer wie eine Zeitschriftenfundstelle anzugeben.

Beispiel:
[1] BFH Urt. v. 2.7.1999 – I B 102/98, BeckRS 1999, 25003679 (abrufbar in beck-online).

Regel

E.12: Ist eine Entscheidung nur in einer Datenbank zu finden, dann werden die Form und das Datum der Entscheidung sowie das Aktenzeichen angegeben. Dahinter ist in Klammern ein Hinweis auf die Datenbank zu setzen.

8. Name der Entscheidung

Im Gegensatz zu anderen Ländern ist es in Deutschland unüblich, eine Entscheidung mit den Namen der Parteien zu zitieren. In der Regel werden diese nicht einmal veröffentlicht. Allerdings gibt es einige Entscheidungen, die unter dem Namen einer Partei oder unter einer anderen Bezeichnung bekannt geworden sind. Daher kann man dem Leser das Wiedererkennen erleichtern, indem man den jeweiligen Namen in gerader Schrift durch einen Gedankenstrich abgegrenzt an das Ende des Zitats setzt. Sind mehrere Entscheidungen unter demselben Namen bekannt, dann setzt man eine römische Ziffer hinzu, um zu kennzeichnen, welche Entscheidung gemeint ist.

Beispiele:
[1] BGH Urt. v. 12.11.1991 – VI ZR 7/91, BGHZ 116, 60 – Milupa.

[2] BVerfG Urt. v. 22.10.1986 – 2 BvR 197/83, BVerfGE 73, 339 – Solange II.

oder:

[1] BGHZ 116, 60 – Milupa.

[2] BVerfGE 73, 339 – Solange II.

> **Regel**
>
> E.13: Ist die Entscheidung unter einem Namen oder einer besonderen Bezeichnung bekannt, so kann diese durch einen Gedankenstrich getrennt an das Ende des Zitats gesetzt werden.

9. Unveröffentlichte Entscheidungen

Generell sollte vermieden werden, unveröffentlichte Entscheidungen zu zitieren, da deren Inhalt vom Leser nicht nachgeprüft werden kann. Manchmal können jedoch auch solche Entscheidungen von wissenschaftlichem Interesse sein. Dann zitiert man die Bezeichnung des Gerichts, die Form und das Datum der Entscheidung sowie das Aktenzeichen nach den oben genannten Regeln, s. o. 2. Statt der Fundstelle setzt man den Hinweis „nv" für „nicht veröffentlicht".

Beispiel:
¹ LG Berlin Urt. v. 9.11.2000 – 13 O 257/97 nv.

> **Regel**
>
> E.14: Unveröffentlichte Entscheidungen sind mit Form und Datum der Entscheidung, dem Aktenzeichen und dem Hinweis „nv" zu zitieren.

II. Wie zitiert man Entscheidungen des EuGH und des EuG?

Übliche Zitierweise in Praktiker-/Lehrbuchliteratur, va bei C.H.BECK: Entscheidungen des EuGH/EuG werden wie Entscheidungen deutscher Gerichte zitiert. Siehe dazu unter E. I.

1. Bezeichnung des Gerichts

Zunächst ist immer das Gericht, das entschieden hat, zu nennen. Die jeweilige Abkürzung ist in gerader Schrift zu schreiben.

Beispiel:
EuGH oder EuG

Zu Schlussanträgen des Generalanwalts s. u. unter 8.

> **Regel**
>
> E.15: Bei Entscheidungen der Gerichte der Europäischen Union ist zuerst die Abkürzung des Gerichts zu nennen.

2. Form und Datum der Entscheidung, Nummer der Rechtssache

Auf die Bezeichnung des Gerichts folgt bei der ausführlichen Zitierweise der Hinweis auf die Form der Entscheidung, zB bei Urteilen „Urt.". Danach ist ein „v." für „vom" zu setzen und das Datum der Entscheidung zu nennen. Anschließend muss die Nummer der Rechtssache genannt werden, die entschieden wurde. Sie wird mit einem Gedankenstrich vom Datum abgetrennt.

Die Nummer der Rechtssache setzt sich in folgender Weise zusammen: Zunächst steht der Anfangsbuchstabe der französischen Bezeichnung des Gerichts – „C" für „Cour" (= Gerichtshof) oder „T" für „Tribunal" (= Gericht, früher: Gericht erster Instanz). Bei Entscheidungen, die vor der Schaffung des Gerichts erster Instanz im Jahre 1988 ergangen sind, entfällt diese Angabe. Es folgen ein Bindestrich und dann zwei durch Schrägstrich voneinander getrennte Zahlen. Letztere geben an, wann die Klage oder der Antrag bei Gericht eingegangen ist. So bedeutet zum Beispiel „C-450/93", dass es sich um die 450. Sache handelt, die im Jahre 1993 beim Gerichtshof anhängig gemacht wurde.

Es ist auch möglich, einheitlich eine abgekürzte Form zu verwenden.

Beispiel:
[1] EuGH Urt. v. 17.10.1995 – C-450/93, Slg. 1995, I-3051 – Kalanke.
oder:
[1] EuGH C-450/93 – Kalanke.

Regel

E.16: Der Bezeichnung des Gerichts folgt die Angabe der Entscheidungsform, ein „v.", das Datum der Entscheidung und die Nummer der Rechtssache.

---

3. Amtliche Sammlung, Zeitschrift oder ECLI

Auf die Nummer der Rechtssache folgt, durch Komma abgetrennt, die Angabe der Fundstelle. Alle vor dem 1.1.2012 ergangenen Urteile des EuGH und des EuG wurden in die amtliche Sammlung aufgenommen, die vorzugsweise zu zitieren ist. Die Fundstelle lässt sich auf der Internetseite des Gerichtshofs[7] oder in EUR-Lex[8] ermitteln. Die amtliche Sammlung wird mit „Slg." abgekürzt.

---

[7] http://curia.europa.eu.
[8] http://eur-lex.europa.eu.

Beispiel:
 [1] EuGH Urt. v. 17.10.1995 – C-450/93, Slg. 1995, I-3051 – Kalanke.

Ebenfalls möglich ist, die Fundstelle in einer Zeitschrift hinzuzufügen. Zur Angabe des Titels von Zeitschriften s. o. C. II. Jedoch sollten auch in diesem Fall die Nummer der Rechtssache angegeben werden.

Beispiel:
 [1] EuGH Urt. v. 19.12.2012 – C-534/10 P, GRUR-RR 2013, 20 – Gala Schnitzer.

Zu beachten ist, dass ab dem 1.1.2012 ergangene Entscheidungen des EuGH bzw. 1.1.2010 (für den EuGöD) nicht mehr in einer amtlichen Entscheidungssammlung gedruckt werden. An ihre Stelle tritt die Online-Veröffentlichung unter http://eur-lex.europa.eu/, auf die mittels des European Case Law Identifier (ECLI) Bezug genommen werden kann (nach den Schlussfolgerungen des Rats vom 29.4.2011, ABl. 2011 C 127, 1, ist der ECLI generell zu verwenden).

Beispiel:
 [1] EuGH Urt. v. 8.3.2011 – T-221/10, ECLI:EU:T:2012:112 Rn. 25 – Iberdrola/Kommission.

Bislang hat sich jedoch der ECLI in der Praxis noch nicht durchgesetzt. Selbst der EuGH verwendet ihn nicht genau wie empfohlen. Daher ist es für Entscheidungen nach dem 1.1.2012 (bzw. 1.1.2010) auch noch ausnahmsweise zulässig, keine Fundstelle, sondern lediglich das Entscheidungsdatum und die Nummer der Rechtssache zu nennen. Mit Hilfe dieser Angaben kann die Entscheidung über die Seite http://eur-lex.europa.eu/ problemlos gefunden werden.

Beispiel:
 [1] EuGH Urt. v. 8.3.2011 – T-221/10 Rn. 25 – Iberdrola/Kommission.

E. Wie zitiert man Urteile? 61

> **Regel**
>
> E.17: Für vor dem 1.1.2012 erlassene Entscheidungen ist die Angabe der amtlichen Sammlung notwendig. Für danach erlassene Entscheidungen können der ECLI oder eine Zeitschriftenfundstelle angegeben werden.

4. Jahrgang

Bei der Zitierweise nach der amtlichen Sammlung nennt man sodann den Jahrgang, in dem die Entscheidung veröffentlicht wurde. Zur Angabe bei Zeitschriften s. o. C. III.

Beispiel:
[1] EuGH Urt. v. 13.12.2001 – C-481/99, Slg. 2001, I-9945 Rn. 48 – Heininger.

> **Regel**
>
> E.18: Es ist der Jahrgang der amtlichen Sammlung anzugeben, in dem die Entscheidung abgedruckt ist.

5. Teil und Anfangsseite

Es folgen ein Komma und die Angabe der Stelle, an der der Abdruck der Entscheidung beginnt. Zu beachten ist, dass die amtliche Entscheidungssammlung seit der Schaffung des EuG im Jahre 1988 zwei Teile enthält: In Teil I sind die Entscheidungen des EuGH, in Teil II die des EuG zu finden. Daher ist zunächst die römische Ziffer für den jeweiligen Teil zu setzen. Danach folgen ein Bindestrich und die Anfangsseite. Es ist die Anfangsseite der Entscheidung insgesamt, nicht die der Urteilsgründe anzugeben.

Beispiel:
[1] EuGH Urt. v. 19.1.1991 – C-6/90 und C-9/90, Slg. 1991, I-5357 – Francovich.

> **Regel**
>
> E.19: Nach dem Jahrgang sind der Teil der Sammlung, in dem sich die Entscheidung abgedruckt ist, sowie die Anfangsseite anzugeben.

6. Randnummer

Nach der Anfangsseite folgt die genaue Stelle, die zitiert wird. Dabei genügt es, die Randnummer anzugeben. Diese ist mit „Rn." einzuleiten. Die Zahl der Seite, auf der sich die zitierte Stelle befindet, muss nicht genannt werden.

> **Regel**
>
> E.20: Auf die Angabe der Anfangsseite folgt die genaue Randnummer, auf die man sich bezieht.

7. Name der Entscheidung

Bei Entscheidungen der Gerichte der Europäischen Union werden die Namen der Parteien des anhängigen Verfahrens oder des Rechtsstreits, der die Grundlage der Vorlage bildet, veröffentlicht. Sie sind nach der Fundstelle zu nennen, von der sie durch einen Gedankenstrich getrennt werden. Zwei Parteien sind durch Schrägstrich voneinander abzutrennen.

Beispiel:
[1] EuGH Urt. v. 22.1.2014 – C-270/12, ECLI:EU:C:2014:18 Rn. 48 – Vereinigtes Königreich/Parlament und Rat.

War das zugrundeliegende Verfahren ein Strafverfahren, wird die Entscheidung mit dem Namen des Angeklagten zitiert.

Beispiel:
[1] EuGH Urt. v. 13.6.1996 – C-144/95, Slg. 1996, I-2909 Rn. 12 – Jean-Louis Maurin.

Handelte es sich um ein Verwaltungsverfahren, so ist es üblich, nur den Namen der zivilen Partei anzugeben.

Beispiel:
[1] EuGH Urt. v. 14.10.2004 – C-36/02, Slg. 2004, I-9609 – Omega Spielhallen- und Automatenaufstellungs-GmbH.

Darüber hinaus sind auch viele Entscheidungen, denen Zivilverfahren zugrunde lagen, unter dem Namen einer der Parteien bekannt geworden. Dann kann man sich damit begnügen, nur diesen Namen zu nennen.

Beispiel:
[1] EuGH Urt. v. 23.7. 2012 – C-378/10 – VALE.

Es lassen sich keine allgemeingültigen Regeln darüber aufstellen, welcher Name ausgewählt wird. Anhaltspunkte bieten die Kopfzeile des Entscheidungsabdrucks in der Sammlung (bzw. die Benennung auf der Curia-Webseite) oder die Zitierpraxis des EuGH und des EuG.

Regel

E.21: Am Ende des Zitats stehen ein Gedankenstrich und der Name des Urteils.

---

8. Schlussanträge des Generalanwalts

Will man aus den Schlussanträgen eines Generalanwalts zitieren, schreibt man „Generalanwalt" – oder auch „GA" – und dann in kursiver Schrift den Namen des Generalanwalts. Es folgen das Wort „Schlussanträge", die Abkürzung „v." für „vom" und das Datum der Schlussanträge. Möglich ist, das Wort Schlussanträge mit „SchlA" abzukürzen. Danach nennt man wie bei Urteilen die Rechtssache (ohne Zusatz „Rs.") und die Fundstelle in der Sammlung. Hinter den Jahrgang setzt man ein Komma, die römische Ziffer des Teilbandes und nach einem Bindestrich die Anfangsseite der Schlussanträge. Es folgt die genaue Randnummer, auf die man sich bezieht. Am Ende stehen wie bei Urteilen ein Gedankenstrich und der Name des Falles.

Beispiel:
¹ Generalanwalt *Jacobs*, Schlussanträge v. 27.9.2005 – C 341/04, Slg. 2006, I-3817 Rn. 44 – Eurofood IFSC.

Bei Schlussanträgen nach dem 1.1.2012 kann man den ECLI oder eine Zeitschriftenfundstelle nennen (s.o. E. III. 3.).

Beispiel:
¹ Generalanwalt *Bot,* Schlussanträge v. 22.3.2012 – C 12/11, ECLI:EU:C:2012:161 – Denise McDonagh/Ryanair Ltd.

> **Regel**
>
> E.22: Schlussanträge des Generalanwalts zitiert man mit dessen Namen und dem Datum. Die übrigen Angaben entsprechen denen bei Urteilen.

III. Wie zitiert man Entscheidungen des EGMR?

1. Bezeichnung des Gerichts

Zitate des Europäischen Gerichtshofs für Menschenrechte beginnen mit dessen Abkürzung: EGMR. Sie wird in gerader Schrift geschrieben. Bei Entscheidungen der Großen Kammer wird in Klammern „(Große Kammer)" hinzugefügt.

Beispiel:
¹ EGMR (Große Kammer) Urt. v. 28.7.1999 – 34884/97, CEDH 1999-V, 1 – Bottazzi/Italien.

> **Regel**
>
> E.23: Zitate des Europäischen Gerichtshofs für Menschenrechte werden mit der Abkürzung EGMR und eventuell dem Zusatz „(Große Kammer)" eingeleitet.

2. Form und Datum der Entscheidung, Nummer der Beschwerde

Auf die Bezeichnung des Gerichts folgt, abgetrennt durch Komma, ein Hinweis, in welcher Form der EGMR entschieden hat. Achten Sie dabei auf die besondere Terminologie: Soweit nur über die Zulässigkeit entschieden wurde, spricht man beim EGMR von „Entscheidungen"; wurde dagegen auch die Begründetheit erörtert, handelt es sich um „Urteile".[9] Für Entscheidungen benutzt man die Abkürzung „Entsch.", für Urteile „Urt.". Es folgen ein „v." für „vom" und das Datum der Entscheidung oder des Urteils. Nach einem Gedankenstrich ist die Nummer der Beschwerde zu nennen.

Beispiel:
[1] EGMR Urt. v. 26.2.2002 – 28525/95, CEDH 2002-I, 287 – Unabhängige Initiative Informationsvielfalt/Österreich.

> **Regel**
>
> E.24: Auf die Bezeichnung des Gerichts folgen ein Komma, die Abkürzung „Urt." oder „Entsch." sowie „v.", das Datum des Urteils oder der Entscheidung und die Nummer der Beschwerde.

3. Amtliche Sammlung oder Zeitschrift

Die Entscheidungen oder Urteile werden der amtlichen Sammlung des Gerichtshofes entnommen, sofern dort veröffentlicht. Die Fundstelle in der amtlichen Sammlung lässt sich in der Datenbank „HUDOC" des Gerichtshofs[10] ermitteln. Ansonsten ist aus einer Zeitschrift zu zitieren. Zur Angabe des Titels von Zeitschriften s. o. C. II.

Die amtliche Sammlung des EGMR wurde im Jahre 1996 grundlegend umgestaltet, was sich auch auf die Zitierweise auswirkt. Entscheidungen und Urteile aus der Zeit vor 1996 werden mit der französischen Bezeichnung „Série A" oder der englischen Bezeichnung „Series A" und der Nummer identifiziert.

---

[9] Vgl. Art. 45 Abs. 1 EMRK.
[10] http://hudoc.echr.coe.int.

Beispiel:
¹ EGMR Urt. v. 23.4.1987 – 9616/81, Série A n° 117 – Erkner und Hofauer.

Bei Entscheidungen nach 1996 nennt man den Titel der Sammlung mit der französischen Abkürzung „CEDH" (für: „Cour européenne des Droits de l'Homme") oder der englischen Abkürzung „ECHR" (für: „European Court of Human Rights"). Welche der beiden Abkürzungen gewählt wird, bleibt Ihnen überlassen. Innerhalb der Arbeit muss aber immer dieselbe Abkürzung verwendet werden, um den Leser nicht zu verwirren.

> **Regel**
>
> E.25: Die amtliche Sammlung wird seit 1996 mit der Abkürzung „CEDH" oder „ECHR" zitiert.

4. Jahrgang und Teilband

Bei den seit 1996 erlassenen Entscheidungen und Urteilen wird nach der Abkürzung „CEDH" oder „ECHR" der Jahrgang der Sammlung genannt, in dem die Entscheidung abgedruckt ist. Es folgen ein Bindestrich und eine römische Ziffer für den Teilband. Zu den vor 1996 erlassenen Urteilen s. o. unter 3.

Beispiel:
¹ EGMR (Große Kammer) Urt. v. 28.7.1999 – 34884/97, CEDH 1999-V, 3 – Bottazzi/Italien.

> **Regel**
>
> E.26: Nach der Abkürzung „CEDH" oder „ECHR" gibt man den Jahrgang und die Nummer des Teilbandes an.

5. Anfangsseite

Befinden sich in einem Band mehrere Entscheidungen, ist auch die Anfangsseite des Urteils oder Beschlusses zu nennen.

Beispiel:
¹ EGMR Urt. v. 16.12.2003 – 48843/99, CEDH 2003-XII, 195 – Cooper/Vereinigtes Königreich.

6. Absatz

Die Entscheidungen des EGMR sind in Absätze unterteilt. Diese sind nummeriert. Es ist der genaue Absatz zu nennen, auf den man sich bezieht. Dazu empfiehlt es sich, die aus deutschen Zitaten vertraute Bezeichnung „Randnummer" – abgekürzt „Rn." – zu verwenden.

Beispiel:
¹ EGMR Urt. v. 21.11.2001 – 35763/97, CEDH 2001-XI, 79 Rn. 37 – Al Adsani/Vereinigtes Königreich.

> **Regel**
>
> E.27: Nach der Abkürzung „Rn." ist die Nummer des Absatzes zu nennen, auf den man sich bezieht.

7. Name der Entscheidung

Auf die Randnummer folgen ein Gedankenstrich und der Name der Entscheidung. Dieser setzt sich aus den Namen der Parteien zusammen. Sie werden durch einen Schrägstrich voneinander getrennt. Die Namen von Staaten sind ins Deutsche zu übersetzen.

Beispiel:
¹ EGMR Urt. v. 31.1.1996 – 20398/92, CEDH 1996-I, 19 – Foquet/Frankreich.

> **Regel**
>
> E.28: Das Zitat schließt mit einem Gedankenstrich und dem Namen der Entscheidung ab.

IV. Wie zitiert man Urteilsanmerkungen?

Es ist nicht notwendig, Anmerkungen zu einem Urteil zu nennen, das man zitiert. Wer es dennoch tun möchte, setzt hinter das Zitat des Urteils ein Komma, die Abkürzung „mit Anm." – für „mit Anmerkung" – und dann den Namen des Verfassers der Anmerkung. Befindet sich die Anmerkung in einer anderen Sammlung oder Zeitschrift als die Entscheidung, dann muss auch die Fundstelle der Anmerkung genannt werden.

Beispiel:
[1] BGH Urt. v. 16.4.1991 – XI ZR 88/90, BGHZ 114, 177 mit Anm. *Canaris* EWiR 1991, 671.

oder:

BGHZ 114, 177 mit Anm. *Canaris* EWiR 1991, 671.

Wer Vollständigkeit mag, kann versuchen, alle Anmerkungen, die zu einem Urteil geschrieben wurden, anzuführen. Nur sollte man wissen, dass es sich dabei um ein fast aussichtsloses Unterfangen handelt. Eine Übersicht der zu einer Entscheidung geschriebenen Anmerkungen kann man in Datenbanken wie zB Curia[11] (für Entscheidungen des EuGH) finden.

Wenn aus einer Anmerkung selbst zitiert werden soll, ist zuerst der Name des Verfassers der Anmerkung zu schreiben. Es folgt als Übergang „Anm. zu" für „Anmerkung zu" und danach die Angaben zur Identifizierung der Entscheidung. Dann schreibt man die Fundstelle der Anmerkung sowie die genaue Seite, auf die man sich bezieht.

Beispiel:
[1] *Schmidt-Kessel,* Anm. zu EuGH C-334/00 – Tacconi, ZEuP 2004, 1019 (1025).

Übliche Zitierweise in Praktiker-/Lehrbuchliteratur, va bei C.H.BECK: Entscheidungsanmerkungen werden wie Aufsätze zitiert, dh der Zusatz „Anm." mit dem Entscheidungszitat entfällt.

---

[11] www.curia.europa.eu

Beispiel:
¹ *Schmidt-Kessel* ZEuP 2004, 1019 (1025).

Urteilsanmerkungen, aus denen zitiert wird, werden ins Literaturverzeichnis aufgenommen. Dagegen werden Anmerkungen, die man nur hinter der Fundstelle einer Entscheidung erwähnt, nicht im Literaturverzeichnis erwähnt.

Regeln

E.29: Es ist nicht notwendig, Anmerkungen zu einer Entscheidung zu nennen.

E.30: Will man es dennoch tun, setzt man hinter die Fundstelle der Entscheidung die Abkürzung „mit Anm.", den Namen des Verfassers und die Fundstelle der Anmerkung, falls diese von der Fundstelle der Entscheidung abweicht.

E.31: Falls aus der Anmerkung selbst zitiert werden soll, ist zuerst der Name des Autors zu nennen und hinter „Anm. zu" die Angaben zur Entscheidung zu setzen. Es folgen die Fundstelle der Anmerkung sowie die genaue Seite, von der zitiert wird.

Muster für das Zitat einer Entscheidung:

1. Deutsche Gerichte:

a) Langform:

Bezeichnung des Gerichts Urt. *oder* Beschl. *oder* Vfg. v. Datum – Aktenzeichen, Name der Sammlung Bandnummer und/oder Jahrgang, Anfangsseite (genaue Seite(n)) *evtl.* Rn. Randnummer – evtl. Name der Entscheidung.

b) Kurzform

Bezeichnung des Gerichts Name der Sammlung Bandnummer *und/oder* Jahrgang, Anfangsseite (genaue Seite(n)).

2. EuGH oder EuG:

a) Langform:

Bezeichnung des Gerichts Urt. v. Datum – C *oder* T-Rechtssachennummer/Jahr, Slg. Jahrgang, I- *oder* II-Anfangsseite *evtl*. Rn. Randnummer – Name der Entscheidung.

b) Kurzform

Bezeichnung des Gerichts C *oder* T-Rechtssachennummer/Jahr – Name der Entscheidung.

3. Urteile oder Entscheidungen des EGMR:

EGMR Urt. *oder* Entsch. v. Datum – Beschwerdenummer, CEDH Jahrgang-Teilband, Anfangsseite *evtl*. Rn. Randnummer – Name des Urteils *oder* der Entscheidung.

Abschließende Beispiele:

[1] BGH Urt. v. 25.2.2002 – II ZR 196/00, ZIP 2002, 848 (850).

[2] OLG Bremen Urt. v. 25.9. 1997 – 2 U 83/97, NZG 1998, 386 mit Anm. *Michalski* NZG 1998, 386.

[3] EuGH Urt. v. 13.3.2014 – C-548/12, NJW 2014, 1648 Rn. 17 – Brogsitter.

[4] EGMR (Große Kammer) Entsch. v. 7.1.2003 – 57420/00, CEDH 2003-I, 281 – Younger/Vereinigtes Königreich.

[5] *Leible/Sosnitza,* Anm. zu OLG Köln Urt. v. 27.11.2001 – 15 U 108 u. 109/01, MMR 2002, 479 (480).

F. Wie zitiert man Rechtsvorschriften?

Vorbemerkung: Über die Genauigkeit beim Gesetzeszitat

Ein Jurist, der nicht die gesetzliche Grundlage benennt, auf die er sich bezieht, ist eigentlich keiner. Man muss stets genau sein, wenn man eine Vorschrift zitiert, damit der Leser in der Lage ist zu prüfen, auf welche Norm man sich bezieht. Dazu ist es notwendig, nicht nur die Nummer, sondern auch Absatz, Satz und gegebenenfalls Nummer, Halbsatz oder Fall zu nennen.

I. Wie zitiert man deutsche Gesetze?

1. Artikel oder §

Zunächst nennt man den Artikel oder Paragraf, auf den man sich bezieht. Es ist daher darauf zu achten, ob das Gesetz in Artikel oder Paragrafen eingeteilt ist. Ein häufiger Fehler ist zum Beispiel, von „§ 4 EGBGB" zu reden, obwohl es „Art. 4 EGBGB" heißt.

Bei einem Artikel stellt man die Abkürzung „Art.", bei einem Paragrafen das Zeichen „§" voran. Sollen mehrere Paragrafen zitiert werden, so wird das Zeichen „§§" vor die Nummern der Paragrafen gesetzt. Bei mehreren Artikeln war es früher üblich, das „t" zu verdoppeln, also zB „Artt. 8-10" zu schreiben. Dies wirkt jedoch heute etwas altertümlich.

2. „Hausnummer"

Es folgt die Nummer des Artikels oder Paragrafen. Im Juristenjargon wird sie oft auch als „Hausnummer" bezeichnet. Beachten Sie, dass später eingeschobene Paragrafen häufig neben der Nummer einen Buchstaben tragen. Dieser muss genannt werden. Zwischen die Nummer und den Buchstaben ist kein Leerzeichen zu setzen.

> **Beispiel:**
> § 1901a BGB

Werden mehrere Artikel oder Paragrafen zitiert, die aufeinanderfolgen, so wird häufig "ff." geschrieben. Gegen diese Praxis gilt jedoch das oben für Seitenzahlen vorgebrachte Bedenken (s. o. A. V. 2.): Der Leser weiß nicht genau, wie weit das Zitat reicht. Daher sollten besser exakte Anfangs- und Endzahlen genannt werden.

> **Beispiel:**
> §§ 812–822 BGB

Zulässig ist dagegen die Bezeichnung „§§ 13 f. BGB", weil der Leser dann weiß, dass der Autor § 13 und § 14 BGB meint.

3. Absatz

Hat die Vorschrift mehrere Absätze, dann ist der Absatz zu nennen, auf den man sich bezieht. Dafür stehen zwei Möglichkeiten zur Verfügung:

Die erste Möglichkeit ist, nach der Nummer des Artikels oder Paragrafen die Abkürzung „Abs." für „Absatz" zu schreiben und dann mit arabischer Ziffer die Nummer des Absatzes zu nennen. Wir empfehlen diese Art.

> **Beispiel:**
> § 254 Abs. 1 BGB

Die zweite Möglichkeit ist, die Nummer des Absatzes direkt hinter die Vorschrift mit römischer Ziffer zu schreiben, getrennt nur durch ein Leerzeichen. Diese Art des Zitats ist kürzer als die erste und zB im akademischen Unterricht verbreitet. Für Veröffentlichungen kann sie allerdings nicht empfohlen werden, da sie besonders anfällig für Tippfehler ist.

> **Beispiel:**
> § 254 I BGB

Es gibt neben diesen noch weitere Zitiermöglichkeiten für Vorschriften. So kann man zB den Absatz in Klammern hinter die Vorschrift schreiben. Diese Art des Zitats ist im Ausland verbreitet, dort allerdings meist ohne Leerzeichen zwischen Paragrafenzahl und Klammer, s. u. H. II. 2. und III. 2. In Deutschland ist sie hingegen unüblich und sollte daher nicht gewählt werden.

Beispiel:
§ 254 (1) BGB

Ebenso wie Artikel oder Paragrafen werden auch Absätze manchmal nachträglich eingeschoben. Diese werden daher neben der Nummer mit einem Buchstaben bezeichnet, der zu nennen ist.

Beispiel:
§ 2 Abs. 3a WpHG

> **Regeln**
>
> F.1: Vorschriften sind stets möglichst genau mit Artikel oder Paragraf, Absatz, Satz, Nummer usw zu zitieren.
>
> F.2: Für das Zitieren von Absätzen gibt es zwei unterschiedliche Formen. Es empfiehlt sich, „Abs." nebst der Absatznummer in arabischen Ziffern zu schreiben.

4. Satz

Hat der zitierte Artikel oder Paragraf oder Absatz mehr als einen Satz, so muss die Nummer des Satzes genannt werden, auf den Bezug genommen wird. Die Sätze sind zum Beispiel im *Schönfelder* mit hochgestellten Ziffern nummeriert. Ansonsten bleibt nur, die Sätze aufmerksam abzuzählen.

Die Angabe des Satzes ist unterschiedlich, je nachdem, welcher der zwei oben genannten Zitierweisen man folgt. Bei der hier empfohlenen Art des Zitierens setzt man zunächst ein „S." für „Satz". Erst dann folgt die Nummer des Satzes mit arabischen Ziffern.

Beispiel:
Art. 14 Abs. 1 S. 2 GG

Bei der zweiten, hier nicht empfohlenen Zitierweise wird die Nummer des Satzes mit arabischen Ziffern unmittelbar an die Nummer des Absatzes angeschlossen.

Beispiel:
Art. 14 I 2 GG

Hat die Vorschrift nur einen Absatz, dann muss bei beiden Möglichkeiten zwischen die Nummer des Artikels oder Paragrafen und die Abkürzung des Gesetzes ein „S." für „Satz" eingeschoben werden.

Beispiel:
Art. 53 S. 2 GG   (*gilt für beide Zitierweisen*)

5. Halbsatz

Halbsätze entstehen, wenn ein Satz durch Semikolon geteilt wird. Man gibt den Halbsatz, auf den man sich bezieht, mit der Nummer und der Abkürzung „Hs." an. Er wird mit arabischen Ziffern angegeben.

Beispiel:
§ 319 Abs. 1 S. 2 Hs. 2 BGB

Regel

F.3:   Hat ein Satz Halbsätze, wird der zitierte Halbsatz mit „Hs." und der Nummer angegeben.

---

6. Alternative und Variante

Ist ein Satz zwar nicht formal, aber sinngemäß in mehrere Möglichkeiten geteilt, so ist die „Alternative" oder die „Variante" anzugeben.

Eine „Alternative" besteht nur dort, wo der Satz in *zwei* Teile gespalten ist. Die Alternative wird durch die Abkürzung „Alt." und die Nummer in arabischen Ziffern angegeben.

> Beispiel:
> § 812 Abs. 1 S. 1 Alt. 1 BGB

Ist ein Satz in drei oder mehr Teile untergliedert, so spricht man nicht von einer „Alternative", sondern von einer „Variante" oder einem „Fall". Diese Bezeichnungen kann man *auch* verwenden, wenn der Satz in zwei Teile gespalten ist. Das Wort „Variante" wird mit „Var." abgekürzt.

> Beispiel:
> § 267 Abs. 1 Var. 1 StGB

Regel

F.4: Ist eine Bestimmung sinngemäß in verschiedene Möglichkeiten geteilt, so ist die Alternative (Alt.) oder die Variante (Var.) zu nennen, die man meint.

---

7. Nummer, litera oder Spiegelstrich

In vielen Gesetzen finden sich Aufzählungen. Meist sind diese nummeriert. Dann muss die Nummer genannt werden, auf die Bezug genommen wird. Sie ist mit „Nr." einzuleiten.

> Beispiel:
> § 794 Abs. 1 Nr. 4 ZPO

Auch hier müssen zusätzliche Buchstaben beachtet werden, die auf nachträglichen Einschub hindeuten. Sie sind ohne Leerzeichen hinter die Ziffer zu setzen.

> Beispiel:
> § 794 Abs. 1 Nr. 4b Alt. 2 ZPO

Die Nummer kann auch weiter untergliedert sein. Dazu werden regelmäßig Buchstaben verwendet. Der jeweilige Buchstabe, lateinisch „litera", muss in diesem Fall genannt werden. Vor ihn ist die Abkürzung „lit." zu setzen.

> **Beispiel:**
> § 1587a Abs. 2 Nr. 3 lit. b BGB

Vor allem bei völkerrechtlichen Texten werden neben der Nummerierung und der litera auch Spiegelstriche verwendet. Ein Spiegelstrich ist das zur Aufzählung verwendete Zeichen „– ...". Man muss die Spiegelstriche bis zu dem, auf den man sich bezieht, abzählen. Für das Wort „Spiegelstrich" gibt es keine Abkürzung; daher ist es auszuschreiben. Es ist vom Vorangehenden nur durch ein Lehrzeichen zu trennen.

> **Beispiel:**
> Art. 222 Abs. 1 S. 2 lit. a Spiegelstrich 2 AEUV

Übliche Zitierweise in Praktiker-/Lehrbuchliteratur, va bei C.H.BECK:
Statt „Spiegelstrich" ist der Terminus „Gedankenstrich" zu verwenden.

Regel

F.5: Bei Aufzählungen sind die Nummer mit „Nr.", der Buchstabe mit „lit." oder der Spiegelstrich zu nennen.

---

8. Gesetzesname

Das Gesetzeszitat schließt mit dem Namen des Gesetzes ab. Er wird bei bekannten Gesetzen mit einer Abkürzung wiedergegeben. Eine Liste der gebräuchlichsten Abkürzungen finden Sie im Anhang I. 4.

> **Beispiel:**
> § 7 Abs. 1 StVG

Hat das Gesetz mehrere Bücher, die selbständig nummeriert sind, so muss die Nummer des Buches genannt werden.

> **Beispiel:**
> § 116 SGB X

Bei Landesgesetzen darf der Hinweis auf das Land nicht vergessen werden, aus dem das Gesetz stammt. Dazu sind die Abkürzungen im Anhang I. 3. zu verwenden.

Beispiel:
§ 23 ThürOBG

Soll der vollständige Gesetzesname genannt werden, ist er im Genitiv an die Bestimmung anzuschließen.

Beispiel:
§ 2 des Spruchverfahrensgesetzes

Bei selten zitierten Gesetzen empfiehlt es sich, auf die Fundstelle im Gesetzblatt hinzuweisen. Sie wird am besten in eine Fußnote geschrieben. Dafür gibt es zwei Formen: eine Kurzform und eine Langform.

Bei der Kurzform wird nur die Fundstelle im Gesetzblatt angegeben. Bei Bundesgesetzen wird zunächst die Abkürzung „BGBl." für „Bundesgesetzblatt" geschrieben. Danach sind die Jahresangabe (vierstellig), ein Leerzeichen und die römische Ziffer für den Teil des Bundesgesetzblattes zu setzen, in dem das Gesetz abgedruckt ist. Die meisten Gesetze werden im Teil I des Bundesgesetzblattes veröffentlicht; in Teil II finden sich die völkerrechtlichen Übereinkommen sowie die Gesetze zu ihrer Inkraftsetzung oder Durchsetzung; in Teil III ist fortgeltendes Bundesrecht abgedruckt.

Bei Landesgesetzblättern muss neben dem Titel, zB „Gesetz- und Verordnungsblatt" (GVBl.) auch das jeweilige Land genannt werden. S. dazu die im Anhang I. 3. genannten Abkürzungen.

Beispiel:
HessGVBl.

Nach der Nennung des Teils des Gesetzblattes folgt – nur durch Leerzeichen getrennt – die Anfangsseite, auf der der Abdruck des Gesetzes beginnt. Die Abkürzung „S." für Seite kann weggelassen werden. Eine Endseite muss nicht angegeben werden. Ebenso wenig bedarf es der Nennung einer genauen Seite, denn im Text wurde bereits die Vorschrift genannt, auf die Bezug genommen wird.

> **Beispiel:**
> ¹ BGBl. 1974 I 3610.

Bei der Langform werden der gesamte Titel des Gesetzes und das Datum des Erlasses angegeben. Danach folgt die Fundstelle im Gesetzblatt. Der Jahrgang des Bundesgesetzblattes kann weggelassen werden, wenn er mit dem Jahr des Erlasses identisch ist.

> **Beispiel:**
> ¹ Gesetz zur Verbesserung der betrieblichen Altersversorgung v. 19.12.1974, BGBl. I 3610.

Übliche Zitierweise in Praktiker-/Lehrbuchliteratur, va bei C.H.BECK: Die Fundstelle im Gesetzblatt wird vorzugsweise in Klammern gesetzt.

Beispiel:
Gesetz zur Verbesserung der betrieblichen Altersversorgung v. 19.12.1974 (BGBl. I 3610).

Die Fundstelle eines Gesetzes im jeweiligen Landes- oder Bundesgesetzblatt lässt sich übrigens über den Fundstellennachweis A zum Bundesgesetzblatt ermitteln.

Wenn auf die mittlerweile geänderte Fassung eines Gesetzes Bezug genommen wird, muss dies gekennzeichnet werden. Üblich ist es, dazu hinter den Namen des Gesetzes „aF" für „alte Fassung" zu schreiben.

> **Beispiel:**
> § 1030 ZPO aF

Ist ein Gesetz erst kürzlich geändert worden oder will man den Gegensatz zur älteren Fassung betonen, so schreibt man hinter den Namen des Gesetzes „nF" für „neue Fassung".

> **Beispiel:**
> Art. 16 GG nF

Zu Gesetzentwürfen s. u. G. I. 3.

> **Regeln**
>
> F.6: Bekannte Gesetze werden mit der im Anhang I. 4. dieses Buches angegebenen Abkürzung bezeichnet. Ansonsten wird der Gesetzesname ausgeschrieben und die Fundstelle im Gesetzblatt in einer Fußnote zitiert.
>
> F.7: Alte Fassungen sind stets mit „aF" zu kennzeichnen; auf neue Fassungen kann mit „nF" hingewiesen werden.

9. Paragrafenketten

Sollen mehrere Bestimmungen zitiert werden, die nicht aufeinanderfolgen, so müssen diese durch Kommata voneinander getrennt werden. Aber Vorsicht: Leicht kann beim Leser Verwirrung entstehen, ob es sich um einen Absatz oder eine neue Bestimmung handelt. Dazu das folgende Beispiel:

> **Beispiel:**
> Art. 1 Abs. 1, 2 GG

Theoretisch könnte es sich in der ersten Zitierweise bei der „2" sowohl um Art. 1 Abs. 2 GG als auch um Art. 2 GG handeln. Allein aus der Form ist nicht ersichtlich, welche Vorschrift gemeint ist. Das Problem stellt sich nicht, wenn man der zweiten Zitierweise folgt.

Will man dennoch der ersten Zitierweise folgen, kann man das Problem dadurch lösen, dass man vor den zweiten Absatz erneut die Abkürzung „Abs." setzt.

> **Beispiel:**
> Art. 1 Abs. 1, Abs. 2 GG

Meint man dagegen Artikel 2 GG, so muss man erneut ein „Art." zu schreiben.

> **Beispiel:**
> Art. 1 Abs. 1, Art. 2 GG

Bei Paragrafen ist ein neues Paragrafenzeichen zu schreiben.

Beispiel:
§ 108 Abs. 1, § 2 BGB

Nennt man mehrere Vorschriften eines Gesetzes, genügt es, die Gesetzesabkürzung nach der letzten Bestimmung zu nennen, da der Leser davon ausgeht, dass alle Vorschriften demselben Gesetz entstammen. Verhält es sich anders, muss man darauf hinweisen. Bei Verweisen in ein anderes Gesetz ist es außerdem üblich, den Einschub „iVm" zu benutzen. Ebenfalls zulässig ist die Abkürzung „iV mit".

Beispiel:
§ 823 Abs. 2 BGB iVm § 263 Abs. 1 StGB

Umstritten ist, wie man Paragrafenketten aufbaut. Soll man von der allgemeinen zur spezielleren Vorschrift gehen oder umgekehrt?

Beispiel:
§§ 433, 434 Abs. 1 S. 2 Nr. 2, § 437 Nr. 3, § 280 Abs. 1 BGB
oder:
§ 280 Abs. 1, § 437 Nr. 3, § 434 Abs. 1 S. 2 Nr. 2, § 433 BGB

Beide Zitierweisen sind zulässig. Die zweite hat den Vorteil, dass sie mit der Norm beginnt, die die erstrebte Rechtsfolge ausspricht. Trotzdem bevorzugen wir die erste Variante. Denn mit ihrer Hilfe lässt sich die Prüfung leichter gestalten, weil man die Gesetze von vorn „abarbeiten" kann.

Schwierigkeiten bereitet auch die Frage, welche Normen man in eine Paragrafenkette aufnehmen muss. Grundsätzlich genügt es, die wichtigsten Vorschriften aufzunehmen, die durch Verweisungen „wie an einer Kette" aneinanderhängen. Hilfsnormen, wie beispielsweise § 90 BGB oder § 15 StGB, können weggelassen werden.

Beispiel:
Anspruch aus §§ 946, 951 Abs. 1 S. 1, § 812 Abs. 1 S. 1 Alt. 2 BGB
(*Der bei der Prüfung ebenfalls relevante § 94 BGB muss in der Paragrafenkette nicht genannt werden.*)

Dagegen ist es zu spartanisch, lediglich die Norm zu nennen, aus der sich die begehrte Rechtsfolge ergibt. Wer beispielsweise bei einem Schadensersatzanspruch wegen Mangels der Kaufsache nur § 280 Abs. 1 BGB nennt, sagt im Grunde nichts. Denn § 280 Abs. 1 BGB ist die Grundnorm für Schadensersatzansprüche aus allen Schuldverhältnissen.

> **Regel**
>
> F.8: Bei Paragrafenketten sind die einzelnen Vorschriften von der allgemeinen zur spezielleren Norm aneinanderzureihen. Nur die wesentlichen Vorschriften sind aufzuführen.

II. Wie zitiert man deutsche Rechtsverordnungen?

Rechtsverordnungen werden grundsätzlich ebenso wie Gesetze zitiert, also mit Paragraf, Absatz, Satz und so fort. Bei bekannten Verordnungen kann ähnlich wie bei Gesetzen eine Abkürzung verwendet werden. S. dazu die Tabelle im Anhang I. 4.

Beispiel:
§ 1 der 4. BImschV

Die meisten Verordnungen sind allerdings weniger bekannt und müssen daher mit dem Titel und der Fundstelle im Bundesgesetzblatt angegeben werden.

Beispiel:
§ 1 der Verordnung über die Anwendung der Guten Klinischen Praxis bei der Durchführung von klinischen Prüfungen mit Arzneimitteln zur Anwendung am Menschen (GCP-Verordnung) v. 9.8.2004, BGBl. I 2081.

Nachdem eine Abkürzung, wie zB „GCP-Verordnung", in einer Fußnote erwähnt wurde, kann man im Folgenden die Verordnung mit nur dieser Abkürzung zitieren.

> **Regel**
>
> F.9: Verordnungen müssen in der Regel mit dem vollen Titel und der Fundstelle zitiert werden.

III. Wie zitiert man europäische Rechtsvorschriften?

1. Primärrecht

Das Primärrecht der Union sind die zwischen den Mitgliedstaaten geschlossenen Verträge. Sie werden mit dem jeweiligen Artikel, abgekürzt „Art.", zitiert. Absätze werden mit römischen Ziffern genannt. Es gelten die Ausführungen zu deutschen Rechtsvorschriften, s.o. unter I.

Eine Besonderheit des Gemeinschaftsrechts sind die sogenannten Unterabsätze. Sie sind daran zu erkennen, dass sie nicht nummeriert sind. Man zitiert Unterabsätze mit der Abkürzung „UAbs.".

Beispiel:
Art. 3 Abs. 3 UAbs. 2 EUV

Der jeweilige Vertrag wird in der im Anhang I. 5. angegebenen Weise abgekürzt. Besonders zu beachten ist, dass sich die Bezeichnungen der Verträge als auch ihre Abkürzungen mehrfach geändert haben. Seit dem Vertrag von Lissabon gelten der Vertrag über die Europäische Union (EUV) und der Vertrag über die Arbeitsweise der Europäischen Union (AEUV).

> **Regeln**
>
> F.10: Primäres Gemeinschaftsrecht wird mit der Abkürzung des jeweiligen Vertrages zitiert.
>
> F.11: Die Nummer des Artikels wird mit der Abkürzung „Art." und arabischen Ziffern zitiert.
>
> F.12: Unterabsätze werden mit der Abkürzung „UAbs." und arabischen Ziffern zitiert.

2. Sekundärrecht

Zum Sekundärrecht gehören unter anderem Verordnungen und Richtlinien.[12] Sie werden mit dem jeweiligen Artikel zitiert. Danach folgt der Name des Rechtsaktes. Er muss im Text nicht vollständig angegeben werden; vielmehr genügt hier ein kurzer Hinweis auf die Nummer oder den Titel.

> **Beispiel:**
> So verhält es sich etwa nach Art. 1 Abs. 1 der Saisonarbeiter-RL.[24]

In einer Fußnote folgt dann der ausführliche Nachweis des Rechtsaktes. Zunächst wird der Titel so geschrieben, wie er in der Überschrift angegeben ist, also mit Datum und Nummer.

Es folgen ein Komma und die Fundstelle im Amtsblatt. Das Amtsblatt wird mit „ABl." zitiert. Dabei ist zu beachten, dass die Bezeichnung „Amtsblatt der Europäischen Gemeinschaften" mittlerweile in „Amtsblatt der Europäischen Union" geändert wurde.

Auf die Abkürzung „ABl." folgt die Jahreszahl und danach der Buchstabe „L" oder „C". Er steht für französisch „Législation" bzw. „Cour" und bezeichnet den Teil des Amtsblattes, in dem die Rechtsvorschriften veröffentlicht werden.

Danach folgt die Nummer des Amtsblattes und, nach Komma, die Angabe der Anfangsseite (ohne „S.").

> **Beispiel:**
> [24] Richtlinie 2014/36/EU des Europäischen Parlaments und des Rates vom 26. Februar 2014 über die Bedingungen für die Einreise und den Aufenthalt von Drittstaatsangehörigen zwecks Beschäftigung als Saisonarbeitnehmer, ABl. 2014 L 94, 375.

Für bestimmte Verordnungen hat sich eine Abkürzung eingebürgert, die auch im Text verwendet werden kann.

---

[12] Siehe Art. 288 AEUV.

> **Beispiel:**
> Das anzuwendende Recht ergab sich hier aus Art. 4 Abs. 1 lit. b Rom I-VO.
>
> (*Rom I-VO steht für die Verordnung (EG) Nr. 593/2008 des Europäischen Parlaments und des Rates vom 17. Juni 2008 über das auf vertragliche Schuldverhältnisse anzuwendende Recht („Rom I"), ABl. 2008 L 177, 6.*)

Regel

F.13: Bei sekundärem Gemeinschaftsrecht werden in der Regel der gesamte Titel des Rechtsaktes und die Fundstelle im Amtsblatt angegeben. Die Fundstelle setzt sich aus der Abkürzung „ABl.", dem Jahr, dem Buchstaben „L", der Nummer des Amtsblattes und der durch Komma getrennten Seitenzahl zusammen.

IV. Wie zitiert man völkerrechtliche Verträge?

Völkerrechtliche Verträge sind ebenfalls mit Artikel, Absatz, Satz, Nummer usw zu zitieren. Sind die Artikel mit römischen Ziffern nummeriert, dann ist dies auch beim Zitat zu beachten. In diesem Fall ist die erste Zitierweise zu befolgen. S. o. unter I. 3.

> **Beispiel:**
> Art. V Abs. 2 UNÜ

Es ist fast immer notwendig, den vollständigen Titel des Vertrages anzugeben. Eine Ausnahme gilt nur für sehr bekannte Verträge, wie zB die Europäische Menschenrechtskonvention (eigentlich „Konvention zum Schutz der Menschenrechte und Grundfreiheiten"). Diese kann man mit einer Abkürzung zitieren. Zu den Abkürzungen wichtiger Verträge vgl. Anhang I. 5.

> **Beispiel:**
> Art. 6 EMRK

Wichtig ist, dass neben dem Titel auch das Datum des Vertragsabschlusses angegeben wird. Mit ihm lässt sich der Vertrag leichter finden, etwa im Fundstellennachweis B zum Bundesgesetzblatt.

Es folgt die Angabe der Fundstelle. Völkerrechtliche Verträge, die von der Bundesrepublik ratifiziert wurden, werden in Teil II des Bundesgesetzblattes veröffentlicht. Der Jahrgang des Bundesgesetzblattes muss unbedingt angegeben werden. Er ist mit dem Jahr des Abschlusses des Übereinkommens nicht notwendigerweise identisch, sondern hängt von der Ratifizierung ab.

Beispiel:
Art. XXV Abs. 5 S. 2 des Freundschafts-, Handels- und Schiffahrtsvertrags zwischen der Bundesrepublik Deutschland und den Vereinigten Staaten v. 29.10.1954, BGBl. 1956 II 487.

Für von Deutschland nicht ratifizierte Verträge zitiert man die United Nations Treaty Series, abgekürzt UNTS.

Beispiel:
Internationales Übereinkommen über den Schutz der Rechte aller Wanderarbeiter und ihrer Familienangehörigen v. 18.12.1990, UNTS Nr. 39481, Bd. 2220, S. 93.

Regeln

F.14: Völkerrechtliche Verträge werden in der Regel mit dem vollen Titel bezeichnet.

F.15: Das Datum des Abschlusses ist anzugeben.

F.16: Weiterhin muss die Fundstelle im BGBl. Teil II oder in der United Nations Treaty Series (UNTS) genannt werden.

G. Wie zitiert man Dokumente und Materialien?

Vorbemerkung: Was sind Dokumente und Materialien?

Häufig benötigt der Jurist zum Arbeiten neben Gesetzen, Urteilen und wissenschaftlichen Werken noch andere Quellen. Am wichtigsten sind dabei Gesetzgebungsmaterialien. Aber es kommen auch andere Dokumente in Betracht, zB Berichte von Organisationen. Im Folgenden werden einige Regeln zum Zitieren solcher Dokumente und Materialien gegeben.

I. Wie zitiert man deutsche Gesetzgebungsmaterialien?

1. Drucksachen des Bundestags und des Bundesrats

Zuerst ist anzugeben, ob es sich um eine Drucksache des Bundestags oder des Bundesrats handelt. Für erstere ist die Abkürzung „BT-Drs." üblich, für letztere „BR-Drs.". Danach folgen die Nummer der Legislaturperiode und, mit einem Schrägstrich abgetrennt, die Nummer der Drucksache. Wird eine bestimmte Seite zitiert, so ist ein Komma zu setzen und danach die Seitenzahl zu schreiben.

Beispiel:
[1] BT-Drs. 18/577, 5.

> **Regel**
>
> G.1: Bundestags- und Bundesratsdrucksachen zitiert man mit der Nummer der Legislaturperiode, der Nummer des Dokuments und der genauen Seite.

2. Stenografische Berichte des Bundestags und des Bundesrats

Stenografische Berichte des Bundestags oder des Bundesrats sind mit dem Kürzel „Verh. d." für „Verhandlungen des" und der Abkürzung des Organs – „BT" oder „BR" – zu zitieren. Danach wird die Nummer der Wahlperiode mit der Abkürzung „Wahlp." genannt. Es folgen ein „S." für Seite und die Seitenzahl in den Stenografischen Berichten.

Beispiel:
¹ Verh. d. BT, 18. Wahlp., S. 3179.

> **Regel**
>
> G.2: Stenografische Berichte des Bundestags und des Bundesrats zitiert man mit „Verh. d.", dem Kürzel des Organs, der Nummer der Wahlperiode und der Seitenzahl.

3. Gesetzentwürfe

Soll ein Gesetzentwurf zitiert werden, schreibt man „Entwurf eines Gesetzes zu …". Danach gibt man die Fundstelle an. Existiert bereits eine Abkürzung des Gesetzes, so benutzt man diese, einen Bindestrich und den Buchstaben „E" für „Entwurf".

Beispiel:
§ 2 EEG-E

Referentenentwürfe sind mit der Abkürzung „RefE" und dem Namen des Gesetzes zu zitieren.

Beispiel:
§ 139 Abs. 1 S. 2 RefE ZPO

> **Regel**
>
> G.3: Gesetzentwürfe können mit dem Zusatz „-E" gekennzeichnet werden. Bei Referentenentwürfen schreibt man „RefE".

4. Motive und Protokolle zum BGB

Die Motive und die Protokolle zum BGB zitiert man mit Band und Seite. Für die Protokolle der Zweiten Kommission verwendet man die Abkürzung „Prot.". Mit dem Wort „bei" weist man auf den Herausgeber hin.

Beispiele:
[1] Motive bei *Mugdan* III, S. 1.
[2] Prot. bei *Mugdan* III, S. 2.

II. Wie zitiert man Dokumente der Europäischen Kommission?

Bei Dokumenten der Kommission der Europäischen Union ist zuerst der Titel zu nennen. Danach wird ein Komma gesetzt und die Abkürzung „KOM" (englisch und französisch: „COM") für „Kommission" geschrieben. Es folgen die Jahreszahl in Klammern und unmittelbar dahinter – ohne Leerzeichen! – die Nummer des Dokuments. Mit dem Wort „endgültig" (oder der Abkürzung „endg.") weist man darauf hin, dass es sich um die endgültige Fassung des Dokuments handelt.

Beispiel:
[1] Vorschlag für eine Verordnung des Europäischen Parlaments und des Rates über das Programm „Gesundheit für Wachstum", das dritte mehrjährige EU Aktionsprogramm im Bereich der Gesundheit, für den Zeitraum 2014-2020, KOM(2011)709 endg.

Regel

G.4: Bei Dokumenten der Kommission werden das Kürzel „KOM", das Jahr in Klammern und die Nummer des Dokuments geschrieben.

III. Wie zitiert man amtliche Verfügungen und Rundschreiben?

Amtliche Verfügungen und Rundschreiben werden ähnlich wie Urteile zitiert. Es sind die erlassende Stelle, das Datum und die Fundstelle anzugeben.

Beispiele:
[1] OFD Karlsruhe 10.1.2014, BeckVerw 283605.

[2] BMF 22.8.2013, DStR 2014, 1005.

Regel

G.5: Amtliche Verfügungen und Rundschreiben werden mit erlassender Behörde, Datum und Fundstelle zitiert.

IV. Wie zitiert man sonstige Dokumente?

Bei sonstigen Dokumenten ist zuerst der Name des Autors oder des Herausgebers zu nennen. Es folgen Titel und Erscheinungsjahr.

Beispiel:
[1] *Monopolkommission*, Stärkung des Wettbewerbs bei Handel und Dienstleistungen, Hauptgutachten Nr. 19, 2012.

Regel

G.6: Bei sonstigen Dokumenten sind der Autor oder Herausgeber, der Titel und das Jahr anzugeben.

V. Wie zitiert man Dokumente aus dem Internet?

Alles, was im Internet steht, kann morgen an anderer Stelle oder verschwunden sein. Man sollte daher vermeiden, aus dem Internet zu zitieren. Wenn ein Dokument jedoch nicht in gedruckter Form erhältlich ist, bleibt nichts anderes übrig, als auf die Fundstelle im Internet zu verweisen. Dazu nennt man zuerst den Autor, soweit dieser bekannt ist, und den Titel des Dokuments. Es folgt die Adresse der Webseite (URL). Man muss dabei darauf achten, dass die Adresse so, wie man sie angibt, aufgerufen werden kann. Hinter die Adresse ist in runde Klammern „Stand:" und dann das Datum zu setzen, an dem man das letzte Mal diese Seite aufgerufen hat.

Beispiel:

¹² *Bundesbank*, Stellungnahme der Deutschen Bundesbank zum Grünbuch „Kapitalmarktunion" der Europäischen Kommission, http://www.bundesbank.de/Redaktion/DE/Kurzmeldungen/Stellungnahmen/2015_05_21_stellungnahme_kapitalmarktunion_hintergrund.pdf (Stand: 28.4.2016).

Regel

G.7: Bei Dokumenten aus dem Internet ist die Web-Adresse anzugeben. Dahinter ist in Klammern das Datum, an dem man die Seite das letzte Mal aufgerufen hat, zu nennen.

H. Wie zitiert man ausländische Quellen?

I. Grundlagen

Aufgrund der Europäisierung und Internationalisierung des Rechts ist es nötig, immer häufiger Gesetze, Rechtsprechung und Literatur anderer Länder zu zitieren. Die folgenden Hinweise sollen dabei helfen.

Grundsätzlich gilt, dass ausländische Quellen so zu zitieren sind wie in dem Land, aus dem sie stammen. Andernfalls würden sie sich nicht leicht auffinden lassen. Die Besonderheiten der Zitierweise ausgewählter Länder werden erörtert (s. u. II.–V.).

Allerdings ist von diesem Grundsatz eine Ausnahme notwendig. Im Interesse eines einheitlichen Erscheinungsbilds des Texts sollte die Formatierung der Fundstelle (Schriftart, kursiv oder nicht, etc.) immer der deutschen entsprechen. So ist zB die Schweizer Art, Autorennamen in Kapitälchen zu schreiben, in Deutschland nicht zu befolgen. Genauso wenig sollte man die US-amerikanische Sitte übernehmen, Büchernamen kursiv zu schreiben. Ausländische Abkürzungen wie „ed." für *editor* (Herausgeber) oder *edition* (Auflage) sowie „p." für *page* (Seite) sind einzudeutschen.

Beispiele:

[1] *Daeniker/Weller* in Basler Kommentar zum Börsengesetz, 2. Aufl. 2011, § 3 BEHG Rn. 18 f.; *Weber*, Börsenrecht, 2001, Art. 3 BEHG Rn. 22.

[2] *Andenas/Panourgias*, Applied Monetary Policy and Bank Supervision by the ECB in *Norton/Andenas* (Hrsg.), International Monetary and Financial Law Upon Entering the New Millenium, 2002, S. 119–170.

Regeln

H.1: Ausländische Quellen sind so wie in ihrem Herkunftsstaat zu zitieren.

H.2: Die Formatierung ausländischer Quellen entspricht der deutscher.

II. USA

1. Rechtsprechung

Um ein in den USA erlassenes Urteil zu zitieren, nennt man zuerst die Parteien in kursiver Schrift. Zwischen die Namen setzt man ein „*v.*" für „versus". Nach dem Namen setzt man ein Komma.

Es folgt die Fundstelle. Man beginnt dabei mit dem Band der Sammlung, in dem das Urteil erschienen ist. Danach setzt man deren Kürzel. Für Urteile des U.S. Supreme Court benutzt man vorzugsweise den Supreme Court Reporter (U.S.). Es folgen die erste Seitenzahl der Entscheidung, ein Komma und die genaue Seitenzahl, auf die man sich bezieht. Am Schluss steht in Klammern das Jahr, aus dem das Judikat stammt.

> Beispiel:
> [1] *Banco Nacional de Cuba v. Sabbatino*, 376 U.S. 398, 422 (1964).

Sind in einer Sammlung Urteile verschiedener Gerichte abgedruckt, setzt man in die Klammer mit der Jahreszahl einen kurzen Hinweis auf den Spruchkörper, der entschieden hat.

> Beispiel:
> [1] *NML Capital Ltd. v. Republic of Argentina*, 699 F.3d 246 (2d Cir. 2012).

2. Gesetze

US-amerikanische Gesetze zitiert man mit „sec." für *section* (für Paragraf). Es folgen unmittelbar darauf – ohne Leerzeichen – in runden Klammern der Absatz und der Satz. Am Schluss steht der Name des Gesetzes, der manchmal auch das Jahr dessen Inkrafttretens einschließt. Bei Bundesgesetzen kann man in runden Klammern die Parallelfundstelle im U.S. Code (abgekürzt U.S.C.) ergänzen.

> Beispiel:
> [1] Siehe sec. 3(c)(1) Investment Act 1940 (15 U.S. Code § 80a–3).

3. Literatur

US-amerikanische Bücher zitiert man ebenso wie deutsche. Besonderheiten sind bei Aufsätzen zu beachten. Die Fundstelle beginnt mit dem Band. Erst danach setzt man den Namen der Zeitschrift. Es folgen die erste Seitenzahl des Aufsatzes, ein Komma und die genaue Seitenzahl, auf die man sich bezieht. Am Schluss steht in Klammern das Jahr, aus dem der Band stammt.

Beispiel:
[1] *Laby*, 87 St. John's Law Review 561, 571–582 (2013).

4. Weiterführender Hinweis

Details zur in den USA üblichen Zitierweise können dem *Bluebook*, hrsg. v. Harvard Law Review Association ua, 20. Aufl., Cambridge (Mass.) 2015, entnommen werden. Das Bluebook fasst alle Zitierregeln zusammen. Seine Akzeptanz ist extrem hoch. Es wird von beinahe sämtlichen Gerichten, Zeitschriften und Universitäten befolgt.

III. Vereinigtes Königreich

1. Rechtsprechung

Um ein im Vereinigten Königreich – so die offizielle Bezeichnung des aus Großbritannien und Nordirland bestehenden Staatsgebildes – erlassenes Urteil zu zitieren, nennt man zuerst die Parteien in kursiver Schrift. Zwischen die Namen setzt man ein „*v*" für „versus". Punkte und Kommata werden generell weggelassen. Unmittelbar auf die Namen folgt – nur durch ein Leerzeichen getrennt – die Fundstelle. In eckige Klammern setzt man das Jahr, in dem das Urteil erschienen ist. Danach folgt der Band sowie der Name der Sammlung. Abschließend steht die Seitenzahl.

Beispiel:
[1] *Al Rawi v Security Service* [2012] 1 AC 531.

Die Urteile des UK Supreme Court entnimmt man vorzugsweise den *Appeal Cases* (abgekürzt „AC"). Alternativ kann man auch von der Internetseite des jeweiligen Gerichts zitieren.

Beispiele:
¹ *Coventry & Ors v Lawrence & Anor* [2014] UKSC 13.
² *Price v Price* [2014] EWCA Civ 655.

Hier eine Übersicht der Abkürzung der wichtigsten Spruchkörper:

UKSC	United Kingdom Supreme Court
UKPC	United Kingdom Privy Council
UKHL	United Kingdom House of Lords (abgeschafft; jetzt: United Kingdom Supreme Court)
EWCA Civ	England and Wales Court of Appeal Civil Division
EWCA Crim	England and Wales Court of Appeal Criminal Division
EWHC (Admin)	England and Wales High Court (Administrative Court)
EWHC (Admlty)	England and Wales High Court (Admiralty)
EWHC (Ch)	England and Wales High Court (Chancery Division)
EWHC (Comm)	England and Wales High Court (Commercial Division)
EWHC (Fam)	England and Wales High Court (Family Division)
EWHC (Pat)	England and Wales High Court (Patents Court)
EWHC (QB)	England and Wales High Court (Queen's Bench Division)
EWHC (TCC)	England and Wales High Court (Technology & Construction Court)

2. Gesetze

Britische Gesetze zitiert man mit „sec" oder „s" für *section* (für Paragraf). Es folgen unmittelbar darauf – ohne Leerzeichen – in runden Klammern der Absatz und der Satz. Am Schluss steht der

Name des Gesetzes. Dieser schließt stets das Jahr ein, aus dem das Gesetz stammt.

Beispiel:
¹ s 5(3)(2) Companies Act 2006

3. Literatur

Britische Bücher zitiert man ebenso wie deutsche. Besonderheiten sind bei Aufsätzen zu beachten. Die Fundstelle beginnt mit dem Jahr der Zeitschrift in runden Klammern; danach folgt der Band. Danach setzt man den Namen der Zeitschrift oder deren Abkürzung. Es folgt direkt (ohne Komma oder S.) die Seitenzahl.

Beispiel:
¹ *Dickinson* (2005) 121 LQR 374.

4. Weiterführende Hinweise

Details zur im Vereinigten Königreich üblichen Zitierweise können folgender Quelle entnommen werden: *Oxford University Standard for Citation of Legal Authorities* (OSCOLA), hrsg. v. Oxford Law Faculty, 4. Aufl. 2012, im Internet abrufbar unter: http://www.law.ox.ac.uk/publications/oscola.php. Die dort enthaltenen Zitierregeln werden insbesondere vom Verlag Oxford University Press befolgt. Andere Verlage folgen zum Teil abweichenden Regeln.

Gebräuchliche Abkürzungen finden sich in der Online-Datenbank der Cardiff University Law School, abrufbar unter http://legalabbrevs.cf.ac.uk/.

IV. Frankreich

1. Gesetze

Französische Kodifikationen zitiert man mit „Art." für *Article*, der Nummer der Vorschrift und dem Namen der Kodifikation.

Beispiel:
¹ Art. 1143 Code civil.

Zu beachten ist, dass manche Kodifikationen einen legislativen Teil und einen Verordnungsteil enthalten. Um die Herkunft aus dem einen oder anderen zu kennzeichnen, werden die Buchstaben „L" (für *partie législative*) und „R" (für *partie règlementaire*) verwendet.

> **Beispiel:**
> [1] Art. L123-11 Code de commerce.

Französische Gesetze werden mit „Loi", einem „v." für „vom", dem Datum der Veröffentlichung und dem Titel identifiziert. Es folgt die Fundstelle im Amtsblatt (*Journal Officiel* – abgekürzt J.O.). Sie besteht aus einem „v.", dem Datum und der Seitenzahl. Bei den Daten ist die numerische Form zu verwenden.

> **Beispiel:**
> [1] Loi Nr. 2013-672 v. 26.7.2013 de séparation et de régulation des activités bancaires, J.O. Nr. 173 v. 27.7.2013, S. 12530.

2. Rechtsprechung

Französische Urteile zitiert man mit der Abkürzung des Gerichts. Bei der *Cour de cassation* (abgekürzt „Cass.") folgt ein Hinweis auf den Spruchkörper (zB „civ." für *chambre civile*). Danach wird ein Komma angehängt und die Nummer der Rechtssache genannt. Es folgen ein Komma und das Datum der Entscheidung sowie die Fundstelle. Für Entscheidungen der *Cour de cassation* ist bevorzugt das „Bulletin" zu zitieren, soweit das Urteil dort erschienen ist.

> **Beispiel:**
> [1] Cass. 1ère civ., 26.9.2012, Nr. 11-26.022, Bulletin civ. 2012, I, Nr. 176.

Hier die Abkürzungen der wichtigsten französischen Gerichte und Gerichtstypen:

Cass. civ.	Cour de cassation, chambre civile
Cass. com.	Cour de cassation, chambre commerciale
Cass. crim.	Cour de cassation, chambre criminelle
Cass. soc.	Cour de cassation, chambre sociale
CA	Cour d'appel

TGI	Tribunal de grande instance
TI	Tribunal d'instance
CC	Conseil constitutionnel
CE	Conseil d'Etat
TA	Tribunal administratif
T.comm.	Tribunal de commerce
TC	Tribunal des conflits
CDH	Conseil de prud'hommes
TASS	Tribunal des affaires de sécurité sociale
TBPR	Tribunal paritaire des baux ruraux

3. Literatur

Französische Bücher und Aufsätze zitiert man ebenso wie deutsche. Insoweit ist lediglich eine Besonderheit zu beachten: Sofern eine Zeitschrift – wie in Frankreich nicht selten – ihre Seitenzahl mit jeder Ausgabe neu beginnt, muss die genaue Ausgabe genannt werden.

Beispiel:
[1] *Gaudemet*, Revue de droit bancaire et financier 2013, Nr. 1, S. 48.

J. Wie zitiert man in Österreich und in der Schweiz?

I. Grundlagen

Die folgenden Hinweise richten sich an Autoren, Praktiker und Studierende in Österreich und der Schweiz. Hinsichtlich der Formatierung gibt es einige landestypische Besonderheiten, die sie beachten sollten. Genannt werden hier nur Abweichungen von der deutschen Zitierweise. Für alle anderen Fragen wird auf die übrigen Kapitel des Buchs verwiesen.

II. Zitierweise in Österreich

1. Monografien

In Österreich ist es üblich, die Auflage eines Buchs durch eine hochgestellte Zahl am Ende des Titels anzugeben. Ein etwaiger Band wird mit römischer Ziffer angegeben. Es folgt das Erscheinungsjahr in runden Klammern. Danach schließt sich unmittelbar – ohne Komma – die Seitenzahl an.

> **Beispiel:**
> [1] *Welser/Zöchling-Jud*, Bürgerliches Recht[14] II (2015) 240.

Soweit ein Literaturverzeichnis existiert, kann in der Fußnote auf die Angabe des Erscheinungsjahrs verzichtet werden.

> **Beispiel:**
> [1] *Welser/Zöchling-Jud*, Bürgerliches Recht[14] II, 240.

Im Literaturverzeichnis ist das Erscheinungsjahr von Büchern in runden Klammern anzugeben.

> **Beispiel:**
> *Micheler*, Wertpapierrecht zwischen Schuld- und Sachenrecht (2004).

2. Kommentare

Kommentare zitiert man mit dem Namen des Bearbeiters, ggf. gefolgt von einem „in" und dem Namen der Herausgeber des Kommentars. Es folgt ein Komma, der Titel, die Auflage als hochgestellte arabische Ziffer und das Erscheinungsjahr in runder Klammer. Daran schließt sich unmittelbar der Paragraf und die Randzahl (abgekürzt „Rz") an. Kommata werden nicht gesetzt.

Beispiel:
[1] *Schrank*, Arbeitszeitgesetz Kommentar³ (2015) § 1 Rz 26.

3. Urteile

Urteile zitiert man mit der Abkürzung des Gerichts. Es folgt unmittelbar das Datum der Entscheidung. Danach setzt man ein Komma und nennt die Geschäftszahl.

Beispiel:
[1] OGH 26.8.1993, 6 Ob 571/93.

Wenn die Entscheidung in einer Sammlung oder einer Zeitschrift abgedruckt ist, schließt sich die dortige Fundstelle an. Sie setzt sich aus der Abkürzung der Sammlung oder Zeitschrift, dem Jahr und der mit einem Schrägstrich abgetrennten Seitenzahl zusammen.

Beispiel:
[1] OGH 22.4.1999, 6 Ob 108/98w, EvBl 1999/168.

4. Abkürzungen

Hier eine Liste in Österreich gebräuchlicher Abkürzungen:

ABGB	Allgemeines Bürgerliches Gesetzbuch
ASVG	Allgemeines Sozialversicherungsgesetz
AVG	Allgemeines Verwaltungsverfahrensgesetz
AZG	Arbeitszeitgesetz
BauG	Baugesetz
BDG	Beamten-Dienstrechtsgesetz

BG	Bundesgesetz, Bezirksgericht
BVG	Bundesverfassungsgesetz
EvBl	Evidenzblatt der Rechtsmittelentscheidungen
JBl	Juristische Blätter
JGS	Justizgesetzsammlung
JRP	Journal für Rechtspolitik
KFG	Kraftfahrzeuggesetz
LG	Landesgesetz, Landesgericht
LGBl	Landesgesetzblatt
MRG	Mietrechtsgesetz
NSchG	Naturschutzgesetz
OG	Offene Gesellschaft
OGH	Oberster Gerichtshof
ÖJZ	Österreichische Juristen-Zeitung
ÖVwBl	Österreichisches Verwaltungsblatt
ÖZW	Österreichische Zeitschrift für Wirtschaftsrecht
PersFrG	BundesverfassungsG über den Schutz der persönlichen Freiheit
PolStrG	Polizeistrafgesetz
RdU	Recht der Umwelt
RdW	Recht der Wirtschaft
RZ	Österreichische Richterzeitung
VVG	Verwaltungsvollstreckungsgesetz
VwGH	Verwaltungsgerichtshof
WBl	Wirtschaftsrechtliche Blätter
ZFR	Zeitschrift für Finanzmarktrecht
ZfV	Zeitschrift für Verwaltungsrecht

III. Zitierweise in der Schweiz

1. Monografien

Zitate von Monografien beginnen mit den Namen der Autoren in Kapitälchen. Es folgen, jeweils durch Komma abgetrennt, der Titel, die Auflage und die Seite.

> Beispiel:
> [1] GUHL, Das Schweizerische Obligationenrecht, 9. Aufl., S. 47.

2. Kommentare

Bei Kommentaren wird zunächst der Name des Bearbeiters in Kapitälchen genannt. Es folgen ein Komma und der Titel des Kommentars. Danach wird ein weiteres Komma gesetzt und die genaue Fundstelle genannt. Zunächst wird die Nummer (abgekürzt „N") und danach die kommentierte Vorschrift angegeben.

> Beispiel:
> [1] SCHÖNLE, Zürcher Kommentar, N 44 zu Art. 184 OR.

3. Aufsätze

Bei Aufsätzen nennt man zunächst den Autor in Kapitälchen, danach setzt man ein Komma und nennt den Titel des Aufsatzes. Es folgen ein weiteres Komma, ein „in:" und der Titel oder die Abkürzung der Zeitschrift. An diese schließt sich der Band und das Jahr an, die durch Schrägstrich voneinander getrennt werden. Es folgt die Angabe der Seitenzahl mit „S.". Wird eine genaue Seitenzahl angegeben, so nennt man sie durch Komma abgetrennt nach einem weiteren „S.".

> Beispiel:
> [1] PACHMANN/VON DER CRONE, Unabhängige Vermögensverwaltung: Aufklärung, Sorgfalt und Schadensberechnung, in: SZWR 77/2005 S. 146 ff., S. 153 f.

4. Urteile

Urteile zitiert man mit der Abkürzung des Gerichts, dem Band, Teil und der Seitenzahl. Kommata werden nicht gesetzt. Entscheide des Schweizerischen Bundesgerichts sind aus dessen offizieller Sammlung zu zitieren.

Beispiel:
¹ BGE 132 III 186.

Ist eine konkrete Fundstelle gemeint, so ist die Erwägung zu nennen.

Beispiel:
¹ BGE 127 III 73 E. 4a.

5. Abkürzungen

Hier eine Liste in der Schweiz gebräuchlicher Abkürzungen:

AB	Amtliches Bulletin der Bundesversammlung
AJP	Aktuelle Juristische Praxis
AS	Amtliche Sammlung des Bundesrechts
ASR	Abhandlungen zum schweizerischen Recht
BBl	Bundesblatt der Schweizerischen Eidgenossenschaft
BG	Bundesgesetz
BGE	Entscheidungen des Schweizerischen Bundesgerichts
BJM	Basler Juristische Mitteilungen
Botsch.	Botschaft
BR	Bundesrat
BV	Bundesverfassung
BVers	Bundesversammlung
Dep.	Departement
IPRG	BG vom 18. Dezember 1987 über das Internationale Privatrecht

KGer.	Kantonsgericht
KKG	BG vom 23. März 2001 über den Konsumkredit
KV	Kantonsverfassung
OR	Obligationenrecht
Rz.	Randziffer(n)
SchKG	BG vom 11. April 1998 über Schuldbetreibung und Konkurs
SJIR	Schweizerisches Jahrbuch für Internationales Recht
SJZ	Schweizerische Juristen-Zeitung
SR	Ständerat; Systematische Sammlung des Bundesrechts
SSHW	Schweizer Schriften zum Handels- und Wirtschaftsrecht
SSiW	Schweizer Schriften zum internationalen Wirtschaftsrecht
SStIR	Schweizer Studien zum Internationalen Recht
SZIER	Schweizerische Zeitschrift für internationales und europäisches Recht
SZW	Schweizerische Zeitschrift für Wirtschaftsrecht
VE	Vorentwurf
ZBJV	Zeitschrift des bernischen Juristenvereins
ZGB	Schweizerisches Zivilgesetzbuch
ZSR	Zeitschrift für Schweizerisches Recht
ZStR	Schweizerische Zeitschrift für Strafrecht

2. Teil: Praktische Ratschläge

In diesem Teil geben wir Ihnen einige praktische Hinweise zum Zitieren. Erörtert werden Fragen wie der Zweck des Zitierens, die Auswahl der Literatur, die Form der Fußnote, die Gestaltung des Literaturverzeichnisses und des Abkürzungsverzeichnisses. Die Hinweise sind als unverbindliche Ratschläge zu verstehen.

K. Allgemeine Hinweise zum Zitieren

I. Warum zitiert man?

Um richtig zu zitieren, müssen Sie sich zunächst klarmachen, warum man zitiert. Zitieren dient in erster Linie dazu, fremde Ideen als solche kenntlich zu machen. Wer anderer Gedanken abschreibt, ohne zu vermerken, von wem sie stammen, handelt nicht nur unwissenschaftlich; er handelt auch unmoralisch. Das Zitieren wahrt das berechtigte Interesse des Autors, als Urheber einer Idee anerkannt zu werden.

In rechtswissenschaftlichen Arbeiten geht es jedoch beim Zitieren um noch mehr. Das juristische Zitat soll auch zeigen, dass man sich mit dem Stand von Rechtsprechung und Literatur auseinandergesetzt hat. Nur in den seltensten Fällen entscheidet oder forscht man auf Gebieten, in denen noch niemand gearbeitet hat. Sie müssen daher Gerichtsurteile und Literatur einbeziehen, wollen Sie sich nicht dem Vorwurf aussetzen, den bereits erreichten Erkenntnisstand zu ignorieren. Nicht selten werden untergerichtliche Entscheidungen aufgehoben, weil sie sich nach Ansicht des Obergerichts mit der Rechtsprechung oder Literatur nicht genügend auseinandergesetzt haben. Von einem Professor ist der Ausspruch überliefert, er müsse nur in die Fußnoten einer Seminararbeit sehen, um deren Qualität beurteilen zu können.

Durch die Angabe der Fundstelle erleichtern Sie dem Leser zudem die Nachprüfung, ob die angegebenen Auffassungen wirklich vertreten werden und richtig wiedergegeben sind. Ohne eine Referenz wird der Bezug auf eine angeblich existierende Meinung zur bloßen Behauptung. Erst durch die Angabe der Fundstelle erlauben Sie dem höheren Gericht oder dem Korrektor, die von Ihnen getroffenen Aussagen über die Ansichten Dritter zu überprüfen.

Zitieren kann noch andere Zwecke haben. Nicht selten kennt der Leser das Thema der Arbeit nicht und möchte sich näher darüber informieren. Dann kann ein weiterführender Hinweis hilfreich sein.

> **Regel**
>
> K.1: Zitieren dient dazu,
>
> 1. die berechtigten Interessen des Urhebers einer Idee zu wahren,
> 2. den Stand von Wissenschaft und Rechtsprechung wiederzugeben,
> 3. die Wiedergabe der genannten Ansichten besser überprüfen zu können,
> 4. weiterführende Literatur leichter auffinden zu können.

II. Aus welchen Gründen sollte man nicht zitieren?

Zitieren Sie nie, um ihre Arbeit „wissenschaftlicher" aussehen zu lassen. Der kundige Leser wird sofort erkennen, dass Sie sich mit den genannten Quellen nicht eingehend beschäftigt haben, und dies als Mangel kritisieren. Daher sollten Sie nur dasjenige zitieren, was Sie auch wirklich zur eigenen Arbeit verwendet haben. Haben Sie sich dabei auf wenige Quellen beschränkt, hilft es Ihnen nichts, später noch andere Werke hinzuzufügen, um sie gleichsam zu „verwursten". Das Resultat sind Widersprüchlichkeiten und Ungereimtheiten. Darüber hinaus führt vermeintlich umfassendes Zitieren nur dazu, dass Sie Zeit und Platz verlieren.

Ebenso wenig sollten Sie zitieren, um Fragen, mit denen Sie sich nicht auseinandergesetzt haben, in eine Fußnote zu „verbannen". Entweder ist eine Frage relevant, dann gehört sie in den Text. Oder sie ist nicht relevant, dann ist es auch nicht nötig, auf sie einzugehen. Man kann sich nicht durch den Blankoverweis auf andere Autoren absichern. Gefragt ist die eigene Stellungnahme zu einem Problem, nicht die anderer.

> **Regel**
>
> K.2: Zitieren Sie nicht,
>
> 1. um Ihre Arbeit wissenschaftlicher aussehen zu lassen oder
> 2. um sich gegen Fragen abzusichern, die Sie nicht behandelt haben.

III. Wie zitiert man?

Aus den oben genannten Zwecken des Zitierens ergibt sich die allgemeine Regel, wie man zitiert, von selbst. Sie lautet: Zitiere stets so, dass der Leser die Quelle erkennen und leicht auffinden kann. Man kann sie auch als „die goldene Regel des Zitierens" bezeichnen. Sind Sie über die richtige Zitierweise im Zweifel – und haben Sie die Zitierfibel gerade nicht zur Hand –, dann fragen Sie sich: Welche Angaben benötigt der Leser, um eine Fundstelle zweifelsfrei zu identifizieren und in der Bibliothek oder in einer Datenbank nachzusehen? Alle dazu nicht erforderlichen Angaben können Sie weglassen.

> **Regel**
>
> K.3: Zitieren Sie stets so, dass der Leser die Quelle erkennen und leicht auffinden kann.

IV. Wie oft zitiert man?

Es gibt keine Vorschrift, ob man etwa drei oder fünf Fußnoten pro Seite setzen sollte. Wie häufig man zitiert, hängt vielmehr vom Inhalt des Textes ab, den man schreibt. Es gilt die Regel: Zitiere nicht mehr als erforderlich, aber so oft wie nötig!

Der Verweis auf einen anderen Autor ist immer dann notwendig, wenn Sie einen Gedanken von ihm übernehmen. Schreiben Sie über eine Frage, die vorher kaum oder nicht behandelt wurde, so müssen Sie naturgemäß sehr wenige oder gar keine Fußnoten setzen. Es ist kein Zeichen von Wissenschaftlichkeit, jeden Satz mit einer Fußnote zu versehen. Ein Sammelsurium von Zitaten zeigt vielmehr gerade, dass man selbst keine eigenen Ideen hat, sondern nur bei anderen abschreibt. Das Zitieren sollte nicht als Pflichtübung verstanden werden. Ein kreativer Schreibstil kann dazu führen, dass im Einzelfall eine ganze Zahl von Seiten ohne Belege bleibt. Wo es nichts zu zitieren gibt, kann man auch nicht zitieren.

> **Regeln**
>
> K.4: Zitieren Sie nicht mehr als erforderlich, aber so oft wie nötig.
>
> K.5: Ein kreativer Schreibstil kommt mit wenigen Fußnoten aus.

V. Was zitiert man?

Man zitiert stets nur Fundstellen, die man auch gelesen hat. „Blindzitate" sind zwar weit verbreitet, rächen sich aber meist. Zitiert ein Autor fehlerhaft – was öfter vorkommt, als der Laie denkt – dann setzen Sie diesen Fehler in Ihrer eigenen Arbeit fort. Noch wichtiger sind jedoch andere Folgen. Wer eine Stelle nicht gelesen hat, sondern sie nur aus anderer Literatur übernimmt, hat keine Ahnung davon, was wirklich in der Fundstelle geschrieben steht. Das kann derjenige, der die Originalliteratur kennt, leicht erkennen.

Unter die Überschrift „Was zitiert man?" gehört auch eine Bemerkung dazu, was man nicht zitiert: Verweisen Sie nicht auf Skripten und Zeitschriften, die von Repetitorien herausgegeben werden. Sie sind unter Professoren verpönt. Weil sie meist nur übersichtsartige Aufbereitungen der Lehre und Rechtsprechung enthalten, werden sie als wissenschaftlich von geringem Wert angesehen. Obwohl auch hier Ausnahmen die Regel bestätigen, sollten Sie im eigenen Interesse vorsichtig sein, mit den Konventionen zu brechen.

Ebenfalls nicht zitieren dürfen Sie Vorlesungsskripten. Sie sind meist nur Rohfassungen und nicht zum Zitieren gedacht, sondern zum Lernen.

> **Regeln**
>
> K.6: Zitieren Sie nur, was Sie selbst nachgelesen haben.
>
> K.7: Zitieren Sie keine Repetitorien- oder Vorlesungsskripten.

VI. Wen zitiert man?

Diese Frage stellt sich angesichts der Flut der Veröffentlichungen, die oft denselben oder ähnlichen Inhalt haben, immer dringender. Um sie zu beantworten, hilft es wieder, sich auf den Zweck des Zitierens zu besinnen. Weil Zitieren unter anderem dazu dient, fremde Gedanken als solche erkennbar zu machen und dem Urheber die ihm gebührende wissenschaftliche Anerkennung zukommen zu lassen, sollten Sie stets versuchen, denjenigen zu nennen, der eine bestimmte Idee als Erster veröffentlicht hat.

„Beispiel:
[1] Zum neben dem Vertrag bestehenden gesetzlichen Schuldverhältnis *Canaris* JZ 1965, 475 (478).

Erforderlich ist daher immer eine historische Herangehensweise. Sie mag Ihnen manchmal schwerfallen. Hilfe bieten jedoch die Fußnoten anderer. Wenn der Autor eines jüngeren Aufsatzes, den Sie zur Verfügung haben, nach der hier beschriebenen Weise vorgeht, dann zitiert er den Urheber der Idee. Diesen können Sie dank des Verweises auffinden, wobei nach dem oben Gesagten selbstverständlich sein sollte, dass Sie ihn nicht blind zitieren, sondern seine Veröffentlichung nachschlagen. Die verschiedenen Methoden, wie man Rechtsliteratur auffindet, hat *Heribert Hirte* in einem Buch anschaulich zusammengefasst.[13]

Es kann zweckmäßig sein, außer dem Urheber auch andere Autoren zu zitieren, die derselben Auffassung folgen. Vor allem ist dies ratsam, wenn die Idee umstritten ist und Sie daher ihre Bedeutung in der Literatur oder Rechtsprechung belegen wollen.

Sie sollten sich stets bemühen, Rechtsprechung und Lehre vollständig zu zitieren. Es ist jedoch nur selten möglich, alle Gerichte und Autoren zu nennen, die eine bestimmte Ansicht vertreten. Dies ist aber auch nicht nötig. Fußnoten über eine halbe Seite mögen zwar den Fleiß beim Zusammentragen belegen, werden aber nicht unbedingt als Indiz für die Sachkunde des Autors angesehen. Vielmehr könnte die in die Abfassung der Fußnote verwendete Zeit besser

---

[13] *Hirte*, Der Zugang zu Rechtsquellen und Rechtsliteratur, 1991.

für die Vervollkommnung des Textes verwendet werden. Auch können Massenzitate aus der Sicht des Lesers ein Ärgernis darstellen, da er sich von ihnen meist „erschlagen" fühlt und es stattdessen vorzieht, wenn Sie nur die wichtigsten Fundstellen nennen.

In den seltensten Fällen ist es gerechtfertigt, zehn oder zwanzig Fundstellen in einer einzigen Fußnote anzugeben. Denn es ist kaum wahrscheinlich, dass alle diese Gerichte und Autoren genau dieselbe Auffassung vertreten. Ist dies aber doch der Fall, so sollten Sie sich überlegen, ob die im Text aufgestellte Behauptung nicht viel zu allgemeiner Natur und daher von geringem Erkenntniswert ist.

> **Regeln**
>
> K.8: Sie sollten immer den Urheber einer Ansicht oder Idee zitieren.
>
> K.9: Vermeiden Sie Massenzitate.

VII. Die „herrschende Meinung" oder die „herrschende Lehre"

Eine verbreitete Unsitte ist es, einfach „die herrschende Meinung" zu zitieren. Damit ist die von der überwiegenden Zahl der Gerichte und Autoren vertretene Ansicht gemeint. Manchmal wird auch unterschieden zwischen der „herrschenden Meinung", die von der Rechtsprechung vertreten wird, und der „herrschenden Lehre", die in der Literatur überwiegt. Wer sich noch weniger aufhalten will, kürzt einfach mit „hM" oder „hL" ab.

Als Unsitte wird der Verweis auf die herrschende Meinung oder die herrschende Lehre hier bezeichnet, weil sie die meisten der oben genannten Zwecke des Zitierens nicht erreicht. Weder dient sie den berechtigten Interessen des Urhebers noch kann der Leser nachprüfen, ob der Verfasser den Stand von Wissenschaft und Rechtsprechung korrekt wiedergibt. Auch kann man sich nicht anhand weiterführender Literatur über das Thema informieren.

Inhaltlich ist der Verweis auf eine „herrschende" Meinung ebenfalls von zweifelhaftem Wert. Denn es ist sehr schwer festzustellen, ob eine Auffassung wirklich „herrscht". Ein bloßes Abzählen mit dem Ergebnis, dass in der Mehrheit der Veröffentlichungen eine gewisse Ansicht vertreten wird, reicht nicht aus, um von einer herrschenden Meinung sprechen zu können. Denn dann würde automatisch derjenige mehr Gewicht erhalten, der am meisten publiziert. Auch wenn Sie die Personen abzählen, die eine bestimmte Meinung vertreten, sind Sie vor Fehlern nicht gefeit. Vorsicht ist insbesondere vor sogenannten Zitierkartellen geboten. Diese funktionieren nach dem Schema: „Zitierst Du mich, zitier ich Dich". Dabei entsteht leicht der falsche Eindruck, eine bestimmte Ansicht überwiege.

Damit eine Meinung wirklich „herrschend" genannt werden kann, ist eine deutliche Mehrheit voneinander unabhängiger Personen notwendig, die diese Auffassung vertreten. Auch unter diesen Umständen sollten Sie mit dem Verweis auf die herrschende Meinung jedoch vorsichtig umgehen. Denn er ist nicht geeignet, die Richtigkeit einer Ansicht zu belegen. Umgekehrt ist die Bezeichnung als „Mindermeinung" oder „Minderheitsmeinung" kein zulässiges Argument, um eine Auffassung ablehnen zu können. Sie sollten bedenken, dass nicht selten die Minderheitsmeinung von heute die Mehrheitsmeinung von morgen ist. Sie müssen sich schon inhaltlich mit einer Ansicht auseinandersetzen, um über sie das Verdikt „falsch" verhängen zu können.

Die Begriffe „herrschende Meinung" oder „herrschende Lehre" sollten Sie daher nur verwenden, wenn Sie andeuten wollen, dass eine bestimmte Auffassung so allgemein vertreten wird, dass es weder möglich noch nützlich wäre, alle ihre Anhänger einzeln anzuführen. Um aber die Möglichkeit zum Nachprüfen und vertiefenden Nachlesen zu eröffnen, sollten Sie unbedingt einige Vertreter namentlich und mit Fundstelle nennen. Unserer Ansicht nach sollten es mindestens drei sein. Vorzugsweise sind darunter der Urheber der Ansicht und andere Autoren, die sich mit der Frage intensiv und nicht nur nebenbei beschäftigt haben. Führen Sie sie hinter dem Ausdruck „herrschende Ansicht" oder „herrschende Lehre" auf.

> **Beispiel:**
> ¹ Herrschende Meinung, vgl. *Emmerich* in MüKoBGB, 7. Aufl. 2016, § 285 Rn. 23; Palandt/*Grüneberg*, BGB, 75. Aufl. 2016, § 285 Rn. 7; *Larenz*, Lehrbuch des Schuldrechts I, 14. Aufl. 1987, § 21 I b.

Regeln

K.10: Die „herrschende Meinung" dürfen Sie nur zitieren, wenn einer Ansicht so allgemein gefolgt wird, dass es weder möglich noch nützlich wäre, alle Anhänger einzeln anzuführen.

K.11: Nennen Sie zumindest drei Vertreter der Ansicht, darunter auch den Urheber.

VIII. Die „ständige Rechtsprechung"

Ganz ähnlich wie mit der „herrschenden Meinung" verhält es sich mit der „ständigen Rechtsprechung" (abgekürzt: „stRspr"). Auch diese wird oft als unzulässiges Mittel eingesetzt, um einer entgegengesetzten Auffassung von vornherein ihre Überzeugungskraft zu nehmen. Jedoch wäre es nie zu einer sinnvollen Änderung der Rechtspraxis gekommen, wenn sich die Gerichte immer an der „ständigen Rechtsprechung" orientiert hätten.

Allerdings sollte man nicht unterschätzen, welche Bedeutung der Stetigkeit der Rechtsprechung zukommt. Sie dient der Rechtssicherheit, weil sie den Rechtsunterworfenen erlaubt zu erkennen, welche Folgen auf sie zukommen, wenn sie sich in bestimmter Weise verhalten. Dies aber ist ein Wert an sich, und daher ist es zulässig, wenn ein Gericht darauf hinweist, dass es um der Rechtssicherheit willen von der ständigen Rechtsprechung nicht abweichen will.

Um den genannten Zwecken des Zitierens gerecht zu werden, muss man auch in diesem Fall einige Urteile benennen, in denen der vertretenen Ansicht gefolgt wurde. Es gibt keine feste Zahl von Entscheidungen, ab der man von einer „ständigen Rechtsprechung" sprechen darf. Als Faustformel können Sie davon ausgehen, dass Sie mindestens drei Urteile von Obergerichten zitieren sollten, bevor Sie von einer „ständigen Rechtsprechung" reden. Dabei sollte es sich ebenso wie bei der herrschenden Meinung oder Lehre möglichst um dasjenige Urteil handeln, in der die Auffassung das erste Mal vertreten wurde, sowie um zwei weitere repräsentative Fundstellen, wie zum Beispiel Entscheidungen der Bundesgerichte.

> **Regel**
>
> K.12: Zitieren Sie die „ständige Rechtsprechung", so sollten Sie mindestens drei Urteile von Obergerichten angeben, in denen diese Auffassung vertreten wird, darunter auch das Urteil, in dem sie erstmalig entwickelt wurde.

IX. „Statt aller"-Zitate

„Statt aller"-Zitate sind ein beliebtes Mittel, um sich eine Vielzahl von Fundstellen für eine Behauptung zu ersparen, die allgemein anerkannt ist. Sie sind insbesondere zweckmäßig, wenn der zitierte Autor die Auffassung besonders ausführlich darstellt und begründet. Allerdings bedarf es für ein solches Zitat der Kenntnis der Qualität der Stelle, auf die Sie verweisen.

Beispiel:
Zur Lehre von der fehlerhaften Gesellschaft s. statt aller *Karsten Schmidt*, Gesellschaftsrecht, 4. Aufl. 2002, S. 136–154.

Nicht zulässig ist ein „statt aller"-Zitat, wenn Sie etwas für allgemein anerkannt halten, aber in Wahrheit nur eine Fundstelle kennen, in der eine Auffassung vertreten wird. Dann sollten Sie besser eine andere Einleitung wählen, wie zum Beispiel: „So ausdrücklich …".

> **Regel**
>
> K.13: „Statt aller"-Zitate sind zulässig, wenn eine Ansicht allgemein anerkannt ist und Sie über eine Literaturstelle verfügen, die diese ausführlich begründet.

X. „Mit weiteren Nachweisen"

Der Zusatz „mit weiteren Nachweisen", abgekürzt „mwN", erspart Ihnen die Wiederholung von Zitaten, die bereits von einem anderen Autor gesammelt wurden. Sie können ihn auch als Hinweis auf weiterführende Rechtsprechung und Literatur verwenden, wenn Sie bereits eine Fundstelle aufgeführt haben und nicht über genügend Platz verfügen, um weitere Zitate anzufügen.

Beispiel:
[1] S. *Eichelberger*, Das Verbot der Marktmanipulation (§ 20a WpHG), 2006, S. 226 mwN.

Diese Art des Verweises sollten Sie nur wählen, wenn Sie dem Leser zumuten können, beim anderen Autor nachzusehen. Bei einem zentralen Punkt Ihrer Arbeit dürfen Sie dagegen nicht auf andere verweisen. Hier müssen Sie sich die Mühe machen, die wichtigsten Fundstellen selbst zusammenzutragen.

> **Regel**
>
> K.14: Der Zusatz „mit weiteren Nachweisen" („mwN") kann Ihnen die Wiederholung der von einem anderen Autor gesammelten Fundstellen ersparen. Sie dürfen ihn aber nicht an zentralen Punkten Ihrer Arbeit verwenden.

XI. Darf man sich selbst zitieren?

Eines der heikelsten Probleme des Zitierens ist das Selbstzitat. Wer ständig auf sich selbst verweist, erweckt schnell den Eindruck der Unbescheidenheit. Allzu leicht scheint es, als wäre das Zitat nicht aus sachlichen Gründen eingefügt worden, sondern nur aus dem Bestreben heraus, die eigenen Leistungen hervorzuheben.

Auf der anderen Seite ist es nicht ratsam, das, was man bereits an anderer Stelle geschrieben hat, noch einmal zu wiederholen. Dies könnte den Eindruck vermitteln, man habe keine neuen Ideen und schreibe immer nur dasselbe. Wenn es also wirklich notwendig ist, auf einen früher bereits veröffentlichten Gedanken Bezug zu nehmen, dann kann man ein Selbstzitat nicht vermeiden und darf es daher auch setzen. Schreiben Sie dazu wie sonst auch den Namen des Autors, in diesem Fall also den eigenen.

Beispiel:
[1] Dazu *Lehmann* in MüKoBGB, 6. Aufl. 2015, Internationales Finanzmarktrecht Rn. 524.

Regel

K.15: Selbstzitate sind nur gerechtfertigt, um Wiederholungen zu vermeiden.

L. Die Fußnote

I. Wann ist eine Fußnote notwendig?

Wann eine Fußnote notwendig ist, ergibt sich aus dem oben (unter H. I.) genannten Zweck des Zitierens: Unbedingt erforderlich ist eine Fußnote, wenn Sie einen fremden Gedanken verwenden. Ebenso müssen Sie eine Fußnote einfügen, wenn Sie sich auf ein oder mehrere Urteile beziehen, in denen eine bestimmte Frage entschieden wurde. Außerdem müssen Sie zwingend eine Fußnote setzen, wenn Sie wörtlich zitieren. Hinter jedem Zitat in Anführungsstrichen muss daher ein Fußnotenzeichen folgen.

Ihnen steht es frei, eine Fußnote einzufügen, wenn Sie auf weiterführende Literatur verweisen wollen.

> **Regel**
>
> L.1: Eine Fußnote ist notwendig, wenn Sie auf fremde Gedanken oder auf eine oder mehrere Entscheidungen verweisen oder wenn Sie wörtlich zitieren.

II. Wo wird die Fußnote eingefügt?

Die Fußnote steht grundsätzlich nach dem Satzzeichen am Ende des Satzes, in dem Sie zitieren.

In Microsoft Word[14] können Sie eine Fußnote einfügen, indem Sie auf „Einfügen" und dann auf „Fußnote ..." klicken.

Beispiel:
Nach allgemeiner Ansicht ist § 254 Abs. 2 S. 3 BGB als dritter Absatz des § 254 BGB zu lesen.[1]

Wenn sich eine Fußnote nur auf einen Teil der Aussage innerhalb eines Satzes bezieht, fügen Sie sie am Ende dieses Teils ein.

---

[14] Microsoft Word ist ein eingetragenes Warenzeichen der Microsoft Corp.

Beispiel:
Nach Ansicht der Rechtsprechung,[1] die in der Literatur kritisiert wird,[2] soll § 250 Abs. 1 Nr. 1 lit. b StGB auch sogenannte Scheinwaffen erfassen.

> **Regel**
>
> L.2: Das Fußnotenzeichen wird grundsätzlich nach dem Satzzeichen desjenigen Satzes oder Teilsatzes eingefügt, auf den es sich bezieht.

III. Welche Form hat die Fußnote?

Nummerieren Sie Fußnoten fortlaufend mit arabischen Ziffern.

Microsoft Word nummeriert die Fußnoten automatisch fortlaufend. Dies funktioniert auch, wenn Sie die Fußnote ausschneiden und an anderer Stelle einfügen: Word nummeriert sie automatisch neu.

Das Fußnotenzeichen im Text ist eine hochgestellte Zahl. Der Text der Fußnote steht am Ende der Seite, auf der sich das Fußnotenzeichen befindet. Dem Fußnotentext geht dieselbe hochgestellte Nummer voran, die sich auch im Text findet.

Der Fußnotentext wird einzeilig und in kleinerer Schrift geschrieben als der Haupttext. Üblich ist eine Schriftgröße von 10 pt.

In Microsoft Word wird der Fußnotentext automatisch mit diesem Zeilenabstand und in dieser Größe geschrieben.

> **Regeln**
>
> L.3: Nummerieren Sie Fußnoten fortlaufend mit arabischen Ziffern.
>
> L.4: Das Fußnotenzeichen steht im Text als hochgestellte Zahl; der Text der Fußnote steht am Ende derselben Seite wie das Fußnotenzeichen.
>
> L.5: Schreiben Sie den Fußnotentext mit einzeiligem Abstand und in kleinerer Schrift als den Haupttext.

IV. Was gehört in die Fußnote?

Idealerweise stehen in der Fußnote nur Fundstellen, kein Text. In jedem Fall sollten Sie langen Text in Fußnoten vermeiden. Entweder die Ausführungen sind notwendig, dann gehören sie in den Haupttext, oder sie sind es nicht, dann sind sie wegzulassen. Den Leser stört es, wenn er während der Lektüre ständig in die Fußnoten sehen muss, ob sich dort etwa weitere Ausführungen befinden.

Fundstellen, für die im Literaturverzeichnis eine Abkürzung angegeben wurde, können Sie mit dieser Abkürzung zitieren.

> **Regel**
> L.6:   Idealerweise stehen in der Fußnote nur Quellenangaben.

V. Wie wird die Fußnote eingeleitet und abgeschlossen?

Normalerweise beginnt die Fußnote mit einer oder der Fundstelle. Der erste Buchstabe wird großgeschrieben. Etwas anderes gilt nur, wenn es sich um den abgekürzten Adelstitel „v." handelt; diesen schreibt man immer klein, s. dazu o. A. I. 1.

Sie können die Fußnote auch mit einem Hinweis einleiten, wie zB „siehe" (abgekürzt „s.") oder „vergleiche" (abgekürzt „vgl."). Ob Sie ein solches Einleitewort benötigen, hängt von der Aussage ab, die Sie im Text treffen. Ein „s." ist angebracht, wenn Sie sich die in der Fundstelle getroffene Aussage nicht zu eigen machen wollen oder denselben Gedanken in eigenen Worten nur sinngemäß wiedergeben. Mit dem „vgl." deuten Sie ebenfalls an, dass die Fundstelle nur sinngemäß Ihrem Text entspricht. Dies ist vor allem dann notwendig, wenn Sie sich im Text auf den konkreten Fall beziehen, denn in der Fundstelle kann eine Aussage zum Ihnen vorliegenden Sachverhalt gar nicht getroffen sein. Die in der Fundstelle getroffene Aussage soll lediglich vergleichend zur eigenen Erklärung verwertet werden.

Auf Grundlage dieser Unterscheidung zwischen „s." und „vgl." sollten Sie auch im Fall von „statt aller"-Zitaten die Fußnote mit „s. nur" einleiten. Nur wenn es sich um eine Aussage handelt, die mit der Fundstelle nicht identisch, sondern nur ähnlich ist, sollten Sie „vgl. nur" verwenden.

Falsch:
Indem *A* dem *B* einen schweren Tritt mit dem beschuhten Fuß versetzte, verwendete er ein gefährliches Werkzeug iSd § 224 Abs. 1 Nr. 2 StGB.[12]

[12] Vgl. *Fischer*, 63. Aufl. 2016, § 224 StGB Rn. 9a u. 9c.

Neben „vgl." gibt es noch andere Möglichkeiten, wie Sie eine Fußnote einleiten können. Mit „dazu" oder „s. dazu" verweisen Sie auf weiterführende Literatur. Haben Sie eine Frage nur kurz behandelt und findet sie sich an anderer Stelle ausführlicher, dann können Sie auch ein „ausf. dazu" oder ein „s. im Einzelnen" setzen.

Hinsichtlich der Einleitewörter und Abkürzungen sind der Phantasie (fast) keine Grenzen gesetzt. Generell gilt jedoch: Gehen Sie sparsam mit Einleitewörtern um! Wenn Sie jede Fußnote beispielsweise mit einem „vgl." einleiten, wirkt dies ungenau und unsicher. Wenn die Fundstelle die getroffene Aussage genau wiedergibt, brauchen Sie keine Einleitung. Beginnen Sie die Fußnote einfach mit einer oder der Fundstelle. Die Mehrzahl Ihrer Fußnoten sollte kein Einleitewort enthalten.

Den Abschluss der Fußnote bildet stets ein Punkt. Ist das letzte Zeichen der Fußnote ohnehin ein Punkt, dann müssen Sie nicht noch einen zusätzlichen Punkt setzen; einer genügt.

Beispiel:
[1] S. *Eisele* NJW 2014, 1417 mwN.

Regeln

L.7: Leiten Sie die Fußnote mit einem „vergleiche" (vgl.) oder „siehe" (s.) ein, wenn Sie die Stelle, auf die Sie sich beziehen, im Text nur sinngemäß wiedergeben.

L.8: Mit „s." können Sie auch darauf hinweisen, dass Sie sich die in der Fundstelle getroffene Aussage nicht zu eigen machen.

L.9: Mit „dazu" oder „s. dazu" verweisen Sie auf weiterführende Literatur. Ist diese wesentlich ausführlicher, schreiben Sie „ausf. dazu" oder „s. im Einzelnen".

VI. Wie werden mehrere Fundstellen zitiert?

Mehrere Fundstellen werden durch Semikolon voneinander getrennt. Durch die Verwendung des Semikolons kann der Leser erkennen, wann eine Fundstelle endet und die nächste beginnt.

Beispiel:
[1] *Casper* Der Konzern 2006, 32 (34 f.); *Hopt* WM 2013, 101 (106 ff.); *Schwark* FS Hadding, 2004, 1117 (1135 ff.); *Sethe* in Assmann/Schneider, 6. Aufl. 2012, §§ 37b, 37c WpHG Rn. 83 ff.

Wenn Sie jedoch in der Fußnote einen neuen Satz beginnen, dann setzen Sie einen Punkt.

Beispiel:
[1] BMF 18.8.2009, BStBl. I 931. Ausgewählte Aspekte werden ausführlich von *Sradj/Schmitt/Krause* DStR 2009, 2283–2289 behandelt.

Grundsätzlich beginnen Sie mit dem Urheber der Idee. Lässt sich nicht feststellen, wer eine bestimmte Aussage als Erster getroffen hat, dann sortieren Sie die Fundstellen alphabetisch nach den Namen der Autoren. Bei Kommentaren orientiert man sich insoweit am Namen des Bearbeiters, nicht an dem des Kommentars.

Beispiel:
[1] Staudinger/*Bork*, Vorb. zu §§ 145 ff. Rn. 70; Jauernig/*Mansel*, Vorb. zu § 145 Rn. 6; Soergel/*Wolf*, Vorb. § 145 Rn. 70.

Gerichtsurteile sind immer vor der Literatur zu zitieren. Sollen Entscheidungen verschiedener Gerichte zitiert werden, dann beginnt man mit dem Gericht, das im Instanzenzug höher steht.

Beispiel:
[1] BGHZ 99, 76 (77 f.); OLG Düsseldorf GmbHR 1987, 22.

> **Regeln**
>
> L.10: Zählen Sie mehrere Fundstellen auf, trennen Sie diese durch Semikolon.
>
> L.11: Beginnen Sie mit dem Urheber der Aussage. Lässt er sich nicht ermitteln, führen Sie die Werke in alphabetischer Reihenfolge der Autoren oder Bearbeiter auf.
>
> L.12: Gerichtsurteile werden vor Literatur genannt. Im Instanzenzug höhere Gerichte sind zuerst zu nennen.

VII. Wie wird ein Autor oder ein Gericht mehrmals zitiert?

Wollen Sie mehrere Werke oder Aufsätze desselben Autors hintereinander zitieren, so können Sie eine Wiederholung des Autorennamens vermeiden, indem Sie die Abkürzung „*dies.*" für „dieselbe" oder „*ders.*" für „derselbe" setzen. Sie müssen also unbedingt darauf achten, ob es sich um einen Autor oder eine Autorin handelt! Bei mehreren Autoren setzen Sie „*dies.*" für „dieselben". Steht vor dem Zitat ein Einleitewort (s. o. unter V.), das eine Deklination erfordert, wie zum Beispiel „vergleiche" oder „siehe", müssen Sie „*ders.*" in „*dens.*" – für „denselben" – ändern. Die Abkürzungen „*ders.*", „*dies.*" und „*dens.*" sind kursiv zu schreiben, da sie für Personen stehen.

Beispiel:
¹ Vgl. *Kümpel* WM-Sonderbeil. 1981/1, 17–21; *dens.* WM-Sonderbeil 1983/8, 4.

Wollen Sie mehrere Entscheidungen desselben Gerichts zitieren, führen Sie diese durch Semikolon getrennt in zeitlicher Reihenfolge auf. Beginnen Sie mit der ältesten und enden Sie mit der jüngsten Entscheidung. Die Abkürzung des Gerichts müssen sie nicht wiederholen. Auch die Sammlung müssen Sie nur einmal nennen, wenn alle Entscheidungen in derselben Sammlung abgedruckt sind.

Beispiel:
² BFHE 156, 177 (178); 167, 42 (43); 176, 523 (525).

> **Regel**
>
> L.13: Bei mehreren Werken desselben Autors kann eine Wiederholung des Namens durch „dies.", „ders." oder „dens." vermieden werden.
>
> L.14: Mehrere Urteile desselben Gerichts zitieren Sie hintereinander in der zeitlichen Reihenfolge beginnend mit dem ältesten Urteil.

VIII. Wie wird ein Werk oder eine Entscheidung mehrmals zitiert?

Früher war es zur Platzsparsamkeit im Druck üblich, wurde ein Werk oder eine Entscheidung in derselben oder der vorigen Fußnote bereits zitiert, nur den Namen des Autors oder die Bezeichnung des Gerichts zu wiederholen und dahinter die Abkürzung „aaO" für „am angegebenen Ort" setzen. Danach folgt, mit einem Komma abgetrennt, die Seitenzahl, auf die man sich nunmehr bezieht. Dabei muss vor die Seitenzahl ein „S." für „Seite" gesetzt werden, auch wenn dies beim ersten Zitat nicht notwendig war.

Beispiel:
¹ BGHZ 149, 321 (344).
² BGH aaO, S. 345.

Soll dieselbe Seite wie zuvor zitiert werden, kann man die Abkürzung „ebd." für „ebenda" setzen.

Beispiel:
¹ BGHZ 149, 321 (344).
² Ebd.

Heute ist es nicht mehr empfehlenswert, Verweise mit „aaO" oder „ebd." vorzunehmen. Zum einen passt diese Zitierweise nicht zu elektronischen Dokumenten, die in Datenbanken eingestellt werden, da diese immer ein Vollzitat benötigen. Zum anderen erschwert sie dem Leser die Lektüre, da dieser immer nach der letzten Fundstelle in einer anderen Fußnote suchen muss; das ist insbesondere dann umständlich, wenn mehrere Seiten dazwischenliegen. Darüber hinaus ist sie arbeitsaufwändig und fehleranfällig. Auf diese Art von Verweisen sollte daher gänzlich verzichtet und stattdessen das Werk jedes Mal wieder voll zitiert werden.

Wenn Sie diese Verweise trotzdem gebrauchen, ist Vorsicht geboten: „aaO" und „ebd." dürfen Sie nur verwenden, wenn die Wiederholung *unmittelbar* auf die Fußnote folgt, in der Sie das Werk ausführlich zitiert haben. Liegt auch nur eine einzige Fußnote dazwischen, so müssen Sie die Fundstelle erneut vollständig nennen. Denn sonst würden Sie dem Leser die Mühe aufbürden, in der Arbeit nach dem erstmaligen Zitat zu suchen. Um sich auch in diesem Fall die Wiederholung der gesamten Fundstelle zu ersparen, gibt es nur einen Weg: Sie müssen auf die genaue Fußnote – mit Nummer! – verweisen, in der die Entscheidung oder das Werk erstmals zitiert wurde.

Beispiel:
[1] *Firsching/Graf,* Nachlassrecht, 10. Aufl. 2014, Rn. 2.55.
[13] *Firsching/Graf* (o. Fn. 1) Rn. 2.85.

Bei Sammelwerken ist der Name des Herausgebers zu wiederholen.

Beispiel:
[12] *Baulig/Niermann* in *Szesny/Kuthe* (Hrsg.), Kapitalmarkt Compliance, 2014, Kap. 4 Rn. 9.
[23] *Baulig/Niermann* in *Szesny/Kuthe* (o. Fn. 12) Kap. 4 Rn. 31.

Bei Kommentaren ist der Name des Kommentars noch einmal zu nennen.

Beispiel:
[1] Soergel/*Stürner*, 13. Aufl. 2002, § 888 BGB Rn. 1.
[6] Soergel/*Stürner* (o. Fn. 1) § 881 Rn. 14.

Übliche Zitierweise in Praktiker-/Lehrbuchliteratur, va bei C.H.BECK: Zitatquerverweise sind grundsätzlich nicht zulässig, egal welcher Art. Stattdessen ist das Zitat stets zu wiederholen.

Ausnahmen gelten aus Platzgründen innerhalb bestimmter Zeitschriften. Insoweit müssen Sie sich an den dortigen Gewohnheiten orientieren.

> **Regeln**
>
> L.15: Zur Vermeidung von Wiederholungen können Sie bei Fußnoten, die *unmittelbar aufeinanderfolgen*, die Abkürzung „aaO" oder „ebd." einsetzen.
>
> L.16: Bei Werken oder Entscheidungen, die Sie in früheren Fußnoten zitiert haben, ist es heute nicht mehr empfehlenswert auf die Stelle zu verweisen, in der Sie das Werk oder die Entscheidung zum ersten Mal zitiert haben.

IX. Wie werden abweichende Ansichten zitiert?

Es hat sich eingebürgert, abweichende Ansichten mit einem „aA" für „anderer Ansicht" zu kennzeichnen.

Beispiel:
¹ OLG Frankfurt a.M. NJW-RR 1993, 1259 (1260); *Fleck* ZGR 1988, 104 (137 f.); aA *van Venrooy* GmbHR 1982, 175 (178).

Diese Methode sollten Sie mit Vorsicht anwenden. Man könnte Ihnen leicht vorwerfen, dass Sie auf die abweichende Ansicht nicht inhaltlich eingegangen sind. Ebenso wenig genügt es, einen umstrittenen Punkt als „streitig" zu bezeichnen. Das bloße Kennzeichnen einer Aussage als „str." erspart Ihnen nicht die Auseinandersetzung mit der Gegenmeinung.

> **Regel**
>
> L.17: Zur Kennzeichnung anderer Ansichten sollten Sie nicht die Abkürzungen „aA" oder „str." verwenden. Setzen Sie sich stattdessen inhaltlich mit der abweichenden Auffassung auseinander.

M. Das Literaturverzeichnis

I. Wann ist ein Literaturverzeichnis notwendig?

Ein Literaturverzeichnis ist bei längeren Abhandlungen notwendig. Bei Büchern sowie bei Haus- und Seminararbeiten müssen Sie stets ein Literaturverzeichnis anfertigen. In Urteilen gibt es dagegen kein Literaturverzeichnis. Ebenso wenig müssen Sie es für Klageschriften oder andere anwaltliche Schriftsätze erstellen. Bei Memoranden in Rechtsanwaltskanzleien ist ein Literaturverzeichnis nicht zwingend erforderlich; es kann aber insbesondere bei längeren Abhandlungen nützlich sein.

Bei Aufsätzen in Fachzeitschriften ist es unüblich, die zitierte Literatur gesondert zu verzeichnen. Diese ergibt sich vielmehr allein aus den Fußnoten. Häufig wiederkehrende Literatur können Sie in der ersten Fußnote nennen.

> Beispiel (nach: *Rehbinder* ZHR 165 [2001], 1):
> [1] Abgekürzt zitiertes Schrifttum: *Bartsch*, Umweltschutz und Unternehmensorganisation, 1997; *Brandt* in Gemeinschaftskommentar zum Bundes-Immissionsschutzgesetz, Losebl. (Stand: 2000); *Fischer*, Der Betriebsbeauftragte für Umweltschutz, 1996; *Hansmann* in Landmann/Rohmer, Umweltrecht, Losebl. (Stand: 2000); *Kotulla*, Die Umweltschutzbeauftragten, 1995; *Roth*, Der Betriebsbeauftragte für Immissionsschutz, 1979; *R. Weber*, Der Betriebsbeauftragte, 1988. ...

Im Folgenden müssen dann nur der Name wiederholt und die genaue Seite hinzugefügt werden. Hinter dem Namen ist in Klammern auf die Fußnote zu verweisen, in der die Fundstelle ausführlich angegeben ist, s. auch o. L. VIII.

> Beispiele:
> [31] *Weber* (o. Fn. 1) S. 52 f.
> [32] *Roth* (o. Fn. 1) S. 70 f.
> [33] *Fischer* (o. Fn. 1) S. 44 f.

> **Regeln**
>
> M.1: Ein Literaturverzeichnis müssen Sie bei Büchern, Haus- und Seminararbeiten, nicht aber bei Urteilen und anwaltlichen Schriftsätzen erstellen. Bei längeren Memoranden kann es empfehlenswert sein.
>
> M.2: Bei Aufsätzen in Fachzeitschriften wird kein Literaturverzeichnis erstellt; Sie können jedoch abgekürzt zitierte Literatur in der ersten Fußnote aufführen.

II. Wo ist das Literaturverzeichnis einzufügen?

Wenn Sie ein Buch schreiben, fügen Sie das Literaturverzeichnis am Ende ein. Es steht nach dem Text, aber vor dem Stichwortverzeichnis. Bei Haus- und Seminararbeiten gehört das Literaturverzeichnis dagegen an den Anfang, zwischen Inhalts- und Abkürzungsverzeichnis.

> **Regel**
>
> M.3: Das Literaturverzeichnis gehört bei Büchern an das Ende, bei Haus- und Seminararbeiten an den Beginn der Arbeit.

III. Welche Werke sind in das Literaturverzeichnis aufzunehmen?

In das Literaturverzeichnis dürfen Sie nur diejenigen Werke aufnehmen, die Sie in der Arbeit zitieren. Nicht aufgeführt werden Quellen, die Sie zwar bei der Recherche benutzt haben, aber nicht in den Fußnoten zitieren. Ebenfalls nicht genannt werden weiterführende Werke zum Gegenstand der Arbeit. Das Literaturverzeichnis dient nur zum leichteren Auffinden der in der Arbeit zitierten Werke, nicht dazu, einen allgemeinen Überblick über die Literatur zum Thema zu geben. Ein solcher Überblick gehört in eine Bibliographie, die bei juristischen Arbeiten jedoch unüblich ist. Alle Werke, die in der Arbeit zitiert werden, müssen auch im

Literaturverzeichnis enthalten sein und umgekehrt. Die in den Fußnoten und im Literaturverzeichnis angegebenen Quellen müssen also deckungsgleich sein.

Rechtsvorschriften und gerichtliche Entscheidungen gehören nicht in das Literaturverzeichnis. Gesetzgebungsmaterialien (zB Bundestags-Drucksachen) werden ebenfalls nicht aufgeführt. Hinsichtlich der Veröffentlichungen von Institutionen ist zu unterscheiden. Haben diese amtlichen Charakter, werden sie ähnlich wie Rechtsvorschriften und Urteile behandelt und nicht in das Literaturverzeichnis aufgenommen. Dies gilt zum Beispiel für Pressemitteilungen des Bundesgerichtshofes oder für Mitteilungen der Kommission der Europäischen Union an den Rat oder das Parlament. Handelt es sich dagegen um nichtamtliche Mitteilungen, so sind sie im Literaturverzeichnis aufzuführen.

Beispiel:
Max-Planck-Institut für Ausländisches und Internationales Strafrecht, Arbeitsberichte, Freiburg i. Br. 2001.

Auch im Internet aufzufindende Dokumente sind in das Literaturverzeichnis aufzunehmen. Als Fundstelle ist die Web-Adresse mit dem Datum des letzten Besuchs zu nennen. S. näher o. G. V.

Beispiel:
Di Fabio, Udo, Karlsruhe Makes a Referral, 15 German Law Journal Nr. 2 (2014), http://www.germanlawjournal.com (Stand: 28.4.2016).

Nichtamtliche Regelwerke sind hingegen nicht in das Literaturverzeichnis aufzunehmen, da sie eher Rechtsvorschriften als Literaturbeiträgen ähneln. Nicht aufzuführen sind daher zum Beispiel die von der Internationalen Handelskammer in Paris herausgegebenen Einheitlichen Richtlinien und Gebräuche für Dokumenten-Akkreditive oder die von derselben Institution herausgegebenen INCOTERMS.

Regeln

M.4: In das Literaturverzeichnis gehören nur die, aber alle die Werke, die Sie in der Arbeit zitieren.

M.5: Rechtsvorschriften und Urteile werden nicht im Literaturverzeichnis aufgeführt.

M.6: Führen Sie Werke, die nur im Internet veröffentlicht sind, als selbständigen Punkt mit der Web-Adresse auf.

M.7: Veröffentlichungen amtlicher Institutionen gehören nicht in das Literaturverzeichnis.

M.8: Führen Sie Veröffentlichungen privater Institutionen im Literaturverzeichnis auf, soweit es sich nicht um Regelwerke handelt.

IV. Muss nach der Art der Werke gegliedert werden?

Eine Gliederung des Literaturverzeichnisses nach der Art der Werke, etwa in Monografien, Kommentare und Aufsätze, wird zwar manchmal vorgenommen. Sie ist aber nicht notwendig. Im Gegenteil kann es sich sogar störend auswirken, wenn der Leser zunächst überlegen muss, ob es sich bei dem in der Fußnote zitierten Werk um eine Monografie, einen Kommentar oder einen Aufsatz handelt, bevor er es im Literaturverzeichnis nachschlagen kann.

Regel

M.9: Gliedern Sie das Literaturverzeichnis nicht.

V. In welcher Reihenfolge sind die Werke aufzuführen?

Führen Sie alle Werke in alphabetischer Reihenfolge nach dem Anfangsbuchstaben des Familiennamens des Verfassers auf. Haben zwei Verfasser denselben Anfangsbuchstaben, dann richtet sich die Reihenfolge nach dem zweiten Buchstaben des Familiennamens, ist dieser ebenfalls derselbe, nach dem dritten und so weiter. Bei Buchstaben mit Umlaut sind diese so einzuordnen, als ob der Vokal ohne Umlaut stünde.

> **Beispiel:**
> *Köhler, Helmut*, BGB – Allgemeiner Teil, 39. Aufl., München 2015.
> *Kohler, Josef*, Lehrbuch des Bürgerlichen Rechts, Bd. II/1 – Schuldrecht, Berlin 1906.
> *Koller, Ingo*, Die Risikozurechnung bei Vertragsstörungen in Austauschverträgen, München 1979.

Adelstitel werden bei der Einordnung im Literaturverzeichnis nicht berücksichtigt. Der Autor wird so eingeordnet, als ob er keinen Adelstitel hätte. Der Titel ist dem Vornamen nachzustellen.

> **Beispiel:**
> *Gierke, Otto von,* Die Genossenschaftstheorie und die deutsche Rechtsprechung, Berlin 1887.

Eine Ausnahme gilt für ausländische Titel wie das niederländische „van", die als Bestandteil des Familiennamens behandelt werden. Sie werden vor den Familiennamen gesetzt und wirken sich auf die Reihenfolge aus. S. auch o. A. VI. 1.

> **Beispiel:**
> *Van Gerven, Walter,* The European Union: A Polity of States and Peoples, Oxford ua 2005.

Sollen zwei oder mehr Werke desselben Verfassers aufgenommen werden, dann ist es üblich, diese nach der zeitlichen Reihenfolge ihres Erscheinens zu ordnen, beginnend mit dem ältesten und endend mit dem jüngsten Werk. Nachdem Sie den Namen des Autors zum ersten Mal genannt haben, brauchen Sie ihn bei den weiteren Veröffentlichungen desselben Autors nicht zu wiederholen. Stattdessen ist es üblich, entweder einen Spiegelstrich oder die Abkürzung „ders." oder „dies." an die Stelle des Namens zu setzen.

> **Beispiel:**
> *Kindler, Peter,* Geschäftsanteilsabtretungen im Ausland, München, 2010.
> ders., Grundkurs Handels- und Gesellschaftsrecht, 7. Aufl., München 2014.

Hat der Autor bei einem anderen Werk jedoch mit einem Co-Autor zusammengearbeitet, so ist dieses selbständig und mit dem vollen Namen beider Autoren aufzuführen.

Bei Handbüchern und Kommentaren mit Sachnamen richtet sich die Stellung im Literaturverzeichnis nach dem Anfangsbuchstaben des Sachnamens. Dieser wird so eingefügt, als ob es sich um den Namen einer Person handelte. Zur Angabe des Sachnamens s. ausführlich o. A. VI. 1 und B. VIII. 1.

Beispiel:
Müller-Graf, Peter-Christian, Die Geschäftsverbindung als Schutzpflichtverhältnis, JZ 1976, 153–156.

Münchener Kommentar zum Bürgerlichen Gesetzbuch, hrsg. v. *Säcker, Franz Jürgen,* Bd. I – Allgemeiner Teil, §§ 1–240, ProstG, AGG, 7. Aufl., München 2015.

Münstermann, Walter, Zur Frage der Sittenwidrigkeit von Konsumenten-Ratenkredit-Verträgen, WM 1982, 1070–1076.

Regeln

M.10: Sortieren Sie die Werke in alphabetischer Reihenfolge nach den Anfangsbuchstaben der Familiennamen der Autoren.

M.11: Adelstitel sind nicht zu berücksichtigen, es sei denn, es handelt sich um ausländische Titel.

M.12: Sachnamen fügen sich ein.

VI. Welche Form hat das Literaturverzeichnis?

Als Überschrift vermerken Sie „Literaturverzeichnis" oder „Schrifttumsverzeichnis". Danach führen Sie die Titel in der oben (unter V.) beschriebenen Reihenfolge auf. Sie werden nur durch Absätze voneinander getrennt und nicht nummeriert.

Schreiben Sie das Literaturverzeichnis mit einem Zeilenabstand von nicht mehr als einer Zeile. Nach jedem Absatz sollten Sie einen Abstand einfügen.

In Microsoft Word können Sie den Abstand zwischen den Absätzen vergrößern, indem Sie auf „Format" und „Absatz" klicken und dann bei „Abstand nach" einen höheren Wert als „0" einstellen, zB „6 pt".

Jeder Titel ist mit hängendem Absatz zu formatieren, das heißt, die erste Zeile beginnt näher am linken Rand als die folgenden Zeilen. Zu empfehlen ist ein hängender Absatz von etwa 1 cm. Dadurch springt die erste Zeile mit dem Namen des Autors deutlich heraus, wodurch die Übersichtlichkeit erhöht wird.

Um den Namen noch deutlicher hervortreten zu lassen, empfiehlt es sich, diesen in kursiver Schrift zu schreiben.

„Beispiel:
> *Ferran, Eilís,* Principles of Corporate Finance Law, 2. Aufl., Oxford 2014.

Für Literatur, auf die man innerhalb der eigenen Arbeit nur in abgekürzter Form verweist, ist in Klammern hinter dem Titel die Zitierweise anzugeben.

„Beispiel:
> *Schönke/Schröder*, Strafgesetzbuch, Kommentar, bearb. von *Lenckner, Theodor* ua, 29. Aufl., München 2014 (zitiert: *Bearbeiter* in Schönke/Schröder).

Eine Abkürzung ist nur zulässig, wenn dadurch keine Verwechslungen eintreten können. Zitieren Sie mehrere Werke desselben Autors oder derselben Autoren, dann sollten Sie zur Unterscheidung einen Hinweis auf den Titel hinzufügen.

„Beispiel:
> *Brox, Hans/Walker, Wolf-Dietrich*, Allgemeines Schuldrecht, 40. Aufl., München 2016 (zitiert: *Brox/Walker* SchuldR AT).
>
> *Brox, Hans/Walker, Wolf-Dietrich*, Besonderes Schuldrecht, 40. Aufl., München 2016 (zitiert: *Brox/Walker* SchuldR BT).

Die Angaben zu einem Werk sind mit einem Punkt abzuschließen. Danach wird das nächste Werk zitiert.

Fügen Sie in das Literaturverzeichnis Seitenzahlen ein. Diese sollten sich von denen des Textes unterscheiden. Verwenden Sie daher römische Ziffern.

In Word lassen sich Seitenzahlen einfügen, indem sie auf „Einfügen" und „Seitenzahlen" klicken. Wählen Sie die gewünschte Position und Ausrichtung aus, zB „Seitenanfang (Kopfzeile)" und „Zentriert". Um römische Ziffern zu verwenden, klicken Sie auf „Format" und wählen Sie unter „Zahlenformat" „I, II, III".

Damit im Haupttext im Gegensatz zum vorangehenden Literaturverzeichnis arabische auf römische Seitenzahlen folgen, müssen Sie beide durch einen Abschnittswechsel trennen. Gehen Sie dazu an den Anfang des Haupttextes, klicken Sie auf „Einfügen", „Umbruch" und unter „Seitenumbruch". Klicken Sie nun in den Haupttext und fügen Sie die Seitenzahlen für diesen ein. Gehen Sie dazu auf „Einfügen", „Seitenzahlen" und „Format". Unter der Überschrift „Seitennummerierung" klicken Sie auf „Beginnen bei". Es erscheint die Ziffer „1". Klicken Sie auf „OK" und dann nochmals auf „OK".

Regeln

M.13: Führen Sie die einzelnen Werke im Literaturverzeichnis mit hängendem Absatz auf.

M.14: Der Name des Autors oder der Sachtitel ist kursiv zu schreiben.

M.15: Geben Sie abgekürzte Zitierweisen in Klammern hinter dem Titel an.

M.16: Die Angaben zu jedem Werk sind mit einem Punkt abzuschließen.

M.17: Zum nächsten Absatz sollten Sie einen Abstand einfügen.

M.18: Nummerieren Sie die Seiten des Literaturverzeichnisses mit römischen Ziffern.

N. Das Abkürzungsverzeichnis

I. Wann ist ein Abkürzungsverzeichnis notwendig?

Ein Abkürzungsverzeichnis ist notwendig, wenn Sie in Ihrer Arbeit Abkürzungen verwenden, die nicht allgemein üblich sind. Allgemein üblich sind Abkürzungen wie „S." für Seite und „vgl." für „vergleiche" sowie die Abkürzungen einiger Zeitschriften, wie zB „NJW" oder „JZ". Im Anhang dieser Fibel sind solche Abkürzungen genannt.

Bei Urteilen wird kein Abkürzungsverzeichnis eingefügt. Bei anwaltlichen Schriftsätzen ist es ebenfalls unüblich. Dagegen kann es sich bei ausführlichen Memoranden empfehlen, die verwendeten Abkürzungen zu definieren.

In jeder längeren Abhandlung, insbesondere bei Büchern, kommen Sie ohne ein Abkürzungsverzeichnis nicht aus. Bei Haus- und Seminararbeiten können Sie ein Abkürzungsverzeichnis weglassen, wenn Sie nur allgemein übliche Abkürzungen wie die im Anhang genannten verwenden. In diesem Fall genügt ein Hinweis auf *Kirchner*, Abkürzungsverzeichnis der Rechtssprache, 8. Aufl. 2015, oder auf den Anhang II der Zitierfibel. Den Hinweis können Sie an das Ende des Inhaltsverzeichnisses setzen.

Beispiel:
Hinsichtlich der verwendeten Abkürzungen wird auf *Byrd/Lehmann*, Zitierfibel für Juristen, 2. Aufl., München 2016, Anhang II, verwiesen.

Regeln

N.1: Ein Abkürzungsverzeichnis müssen Sie immer dann erstellen, wenn Sie nicht nur allgemein übliche Abkürzungen verwenden.

N.2: Bei Urteilen und bei anwaltlichen Schriftsätzen müssen Sie kein Abkürzungsverzeichnis erstellen. Bei längeren Memoranden kann es dagegen empfehlenswert sein.

N.3: Bei Büchern ist ein Abkürzungsverzeichnis unentbehrlich.

> N.4: Bei Haus- und Seminararbeiten müssen Sie ein Abkürzungsverzeichnis einfügen, es sei denn, Sie verwenden nur allgemein übliche Abkürzungen und weisen auf den Anhang dieses Buches hin.

II. Welche Abkürzungen müssen aufgeführt werden?

Haben Sie sich für die Erstellung eines Abkürzungsverzeichnisses entschieden, so müssen Sie grundsätzlich *alle* in der Arbeit verwendeten Abkürzungen definieren. Dies schließt auch die allgemein üblichen Abkürzungen ein. Sie sollten dem Leser nicht zumuten, sich eine Abkürzung aus zwei verschiedenen Verzeichnissen heraussuchen zu müssen.

> **Regel**
> N.5: Wenn Sie ein Abkürzungsverzeichnis erstellen, müssen Sie alle in der Arbeit verwendeten Abkürzungen definieren.

III. Was kürzt man wie ab?

Abkürzungen, die mit einem Kleinbuchstaben enden, werden mit Punkt versehen (Beispiele: „Abs.", „vgl."); eine Ausnahme gilt für Abkürzungen, die als Name oder selbständiges Wort wahrgenommen werden (Beispiele: wistra, Lkw, Kfz). Abkürzungen, die mit Großbuchstaben enden, erhalten keinen Punkt (Beispiele: „AT", „zB"; Ausnahme: „S." für Seite oder Satz). Steht eine Abkürzung für mehrere Wörter, so werden die Anfangsbuchstaben der Worte ohne Leerzeichen und Punkte zusammengezogen; in diesen Fällen endet die Abkürzung ohne Punkt (Beispiel: „iSd" steht für „im Sinne des").

Auch wenn Sie ein Abkürzungsverzeichnis erstellen, sollten Sie sich davor hüten, alle möglichen Worte abzukürzen und für sie eigenwillige Kreationen zu erfinden. Kürzel wie zum Beispiel „GSV" für „Gesamtschuldverhältnis" mögen zwar Platz sparen, bürden aber dem Leser die Mühe auf, sie erst im Abkürzungsverzeichnis nachlesen zu müssen. Sie stören außerdem die Ästhetik des Textes.

Keinesfalls sollten Sie Worte des allgemeinen Sprachgebrauchs verstümmeln, um Platz zu sparen. Erstellen Sie also kein Abkürzungsverzeichnis nach der Art des Anhangs II zum *Palandt*!

Gibt es eine übliche Abkürzung, sollten Sie möglichst diese wählen und keine eigene erfinden. Ein Beispiel ist die Abkürzung „GoA", die sich für „Geschäftsführung ohne Auftrag" eingebürgert hat.

Regeln

N.6: Kürzen Sie nicht zu viel ab.

N.7: Gibt es eine übliche Abkürzung, sollten Sie diese wählen und keine eigene erfinden.

IV. Gehört abgekürzte Literatur in das Abkürzungsverzeichnis?

Literatur, die mit dem Namen des Autors abgekürzt wird, gehört grundsätzlich nicht in das Abkürzungsverzeichnis. Die Zitierweise ist stattdessen hinter dem jeweiligen Werk im Literaturverzeichnis zu vermerken (s. dazu o. B. VIII. 4.).

Abkürzungen von Titeln oder von Teilen eines Titels, wie zum Beispiel „AT" für „Allgemeiner Teil", sollten Sie dagegen neben dem Vermerk im Literaturverzeichnis zusätzlich in das Abkürzungsverzeichnis aufnehmen. Abkürzungen von Kommentartiteln nehmen Sie ebenfalls auf. Insoweit bedarf es keines näheren Hinweises auf die Titeldaten wie Herausgeber oder Auflage, weil Sie diese bereits im Literaturverzeichnis angegeben haben.

Beispiel:
MüKoBGB   Münchener Kommentar zum Bürgerlichen Gesetzbuch
MüKoZPO   Münchener Kommentar zur Zivilprozessordnung

> **Regel**
>
> N.8: Abkürzungen von Werktiteln müssen Sie neben der Angabe im Literaturverzeichnis auch in das Abkürzungsverzeichnis aufnehmen.

V. Welche Form hat das Abkürzungsverzeichnis?

Schreiben Sie als Überschrift „Abkürzungsverzeichnis". Danach folgt eine Tabelle mit zwei Spalten. Links steht die jeweilige Abkürzung, rechts der ausgeschriebene Begriff.

Eine Tabelle können Sie mit Microsoft Word einfügen, indem Sie auf „Tabelle", „Einfügen" und „Tabelle einfügen" klicken. Wählen Sie als Spaltenanzahl „2" und die benötigte Zeilenanzahl. Um den Tabellenrahmen beim Ausdruck zu vermeiden, gehen Sie auf „Format", „Rahmen und Schattierungen" und klicken Sie links auf „Keine". Sie können die Absätze ebenso wie Tabellenzeilen alphabetisch sortieren, indem Sie das unsortierte Verzeichnis markieren, auf „Tabelle" und dann auf „Sortieren" klicken.

Sortieren Sie die Abkürzungen in alphabetischer Reihenfolge.

„Beispiel: Abkürzungsverzeichnis

aA	anderer Ansicht
aaO	am angegebenen Ort
ABl.	Amtsblatt der Europäischen Union
aE	am Ende
aF	alte Fassung
…	

Nummerieren Sie die Seiten des Abkürzungsverzeichnisses mit römischen Ziffern. Insoweit gelten die Ausführungen zum Literaturverzeichnis entsprechend, s. o. M. VI. Die Seitenzahlen des Abkürzungsverzeichnisses folgen denen des Literaturverzeichnisses.

Regeln

N.9: Das Abkürzungsverzeichnis enthält links in alphabetischer Reihenfolge die Abkürzungen, rechts die ausgeschriebenen Begriffe.

N.10: Nummerieren Sie die Seiten des Abkürzungsverzeichnisses mit römischen Ziffern.

Anhang I.
Abkürzungen systematisch geordnet

1. Gerichte

Amtsgericht	AG
Arbeitsgericht	ArbG
Bayerisches Oberstes Landesgericht	BayObLG
Bundesarbeitsgericht	BAG
Bundesfinanzhof	BFH
Bundesgerichtshof	BGH
Bundespatentgericht	BPatG
Bundessozialgericht	BSG
Bundesverfassungsgericht	BVerfG
Bundesverwaltungsgericht	BVerwG
Europäisches Gericht erster Instanz	EuG
Europäischer Gerichtshof	EuGH
Europäischer Gerichtshof für Menschenrechte	EGMR
Finanzgericht	FG
Gemeinsamer Senat der obersten Gerichtshöfe des Bundes	GmS-OGB
Großer Senat	GrS
Kammergericht	KG
Landesarbeitsgericht	LAG
Landessozialgericht	LSG
Landesverfassungsgericht	LVerfG
Landgericht	LG
Oberlandesgericht	OLG
Oberster Gerichtshof (Österreich)	OGH
Oberverwaltungsgericht	OVG
Reichsgericht	RG
Schweizerisches Bundesgericht	BG
Sozialgericht	SG

Staatsgerichtshof	StGH
Verfassungsgerichtshof	VerfGH
Verwaltungsgericht	VG
Verwaltungsgerichtshof	VGH

2. Institutionen und Behörden

Bundesamt für Finanzdienstleistungsaufsicht	BaFin
Bundeskartellamt	BKartA
Bundesministerium der Finanzen	BMF
Bundespräsident	BPräs
Bundesrat	BR
Bundestag	BT
Europäische Aufsichtsbehörde für das Versicherungswesen und die betriebliche Altersversorgung (European Insurance and Occupational Pensions Authority)	EIOPA
Europäische Bankenaufsichtsbehörde (European Banking Authority)	EBA
Europäische Freihandelszone (European Free Trade Association)	EFTA
Europäische Gemeinschaft	EG
Europäische Kommission	Kom.
Europäische Union	EU
Europäische Wertpapier- und Marktaufsichtsbehörde (European Securities and Markets Authority)	ESMA
Europäische Zentralbank	EZB
Europäischer Stabilitätsmechanismus	ESM
Europäischer Wirtschaftsraum	EWR
European Law Institute	ELI
International Centre for Settlement of Investment Disputes	ICSID
International Institute for the Unification of Private Law	UNIDROIT
Internationaler Währungsfonds (International Monetary Fund)	IWF (IMF)
North Atlantic Treaty Organization	NATO
Oberfinanzdirektion	OFD

Organisation for Economic Co-operation and Development	OECD
Organisation für Sicherheit und Zusammenarbeit in Europa	OSZE
United Nations Commission on International Trade Law	UNCITRAL
Vereinte Nationen (United Nations)	UNO
Welthandelsorganisation (World Trade Organization)	WTO

3. Deutsche Bundesländer

Baden-Württemberg, baden-württembergisch	BW, bw.
Bayern, bayerisch	Bay., bay.
Berlin, Berliner, berlinerisch	Bln., bln.
Brandenburg, brandenburgisch	Bbg., bbg.
Bremen, Bremer, bremisch	Brem., brem.
Hamburg, hamburgisch	Hmb., hmb.
Hessen, hessisch	Hess., hess.
Mecklenburg-Vorpommern, mecklenburg-vorpommerisch	MV, mv.
Niedersachen, niedersächsisch	Nds., nds.
Nordrhein-Westfalen, nordrhein-westfälisch	NRW, nrw.
Rheinland-Pfalz, rheinland-pfälzisch	RhPf., rhpf.
Saarland, saarländisch	Saarl., saarl.
Sachsen, sächsisch	Sachs., sächs.
Sachsen-Anhalt, sachsen-anhaltinisch	LSA, sachsanh.
Schleswig-Holstein, schleswig-holsteinisch	SchlH, schlh.
Thüringen, thüringisch	Thür., thür.

4. Gesetze und Verordnungen

Abgabenordnung	AO
Abgeordnetengesetz	AbgG
Aktiengesetz	AktG

Allgemeines Gesetz zum Schutz der Sicherheit und
Ordnung .... ASOG[15]

Allgemeines Gleichbehandlungsgesetz .... AGG

Anerkennungs- und Vollstreckungsausführungsgesetz .. AVAG

Antiterrordateigesetz .... ATDG

Arbeitsgerichtsgesetz .... ArbGG

Arzneimittelgesetz .... AMG

Asylverfahrensgesetz .... AsylVerfG

Aufenthaltsgesetz .... AufenthG

Aufenthaltsverordnung .... AufenthV

Ausführungsgesetz .... AG[16]

Ausländergesetz (aufgehoben) .... AuslG

Baugesetzbuch .... BauGB

Baunutzungsverordnung .... BauNVO

Bauordnung .... BauO, BO[17]

Betäubungsmittelgesetz .... BtMG

Betriebsverfassungsgesetz .... BetrVG

Beurkundungsgesetz .... BeurkG

Börsengesetz .... BörsG

Bundesdatenschutzgesetz .... BDSG

Bundes-Immissionsschutzgesetz .... BImschG

Bundes-Immissionsschutzverordnung .... BImschVO

Bundesjagdgesetz .... BJagdG

Bundesnotarordnung .... BNotO

Bundespolizeigesetz .... BPolG

Bundesnaturschutzgesetz .... BNatSchG

Bundesnetzagenturgesetz .... BNAG

Bundesrechtsanwaltsordnung .... BRAO

Bundessozialhilfegesetz (aufgehoben) .... BSHG

Bundesurlaubsgesetz .... BUrlG

---

[15] Bundesland ergänzen, zB BlnASOG.
[16] Bundesland und Gesetzesnamen ergänzen, zB SaarlAGVwGO.
[17] Bundesland ergänzen, zB SaarlLBO.

Anhang I. Abkürzungen systematisch geordnet

Bundesverfassungsgerichtsgesetz	BVerfGG
Bundesverfassungsschutzgesetz	BVerfSchG
Bundesversammlungsgesetz	BVersG
Bundeswahlgesetz	BWG
Bürgerliches Gesetzbuch	BGB
Depotgesetz	DepotG
Einführungsgesetz	EG[18]
Einkommensteuergesetz	EStG
Energiewirtschaftsgesetz	EnWG
Entgeltfortzahlungsgesetz	EntgFG
Fernabsatzgesetz (aufgehoben)	FernAbsG
Finanzverwaltungsgesetz	FVG
Gaststättengesetz	GastG
Gemeindeordnung	GO[19]
Gentechnikgesetz	GenTG
Gerichtskostengesetz	GKG
Gerichtsverfassungsgesetz	GVG
Geschäftsordnung	GO[20]
Gesetz betreffend die Gesellschaften mit beschränkter Haftung	GmbHG
Gesetz gegen den unlauteren Wettbewerb	UWG
Gesetz gegen Wettbewerbsbeschränkungen	GWB
Gesetz über das Verfahren in Familiensachen und in den Angelegenheiten der freiwilligen Gerichtsbarkeit	FamFG
Gesetz über die allgemeine Freizügigkeit von Unionsbürgern	Freizüg/EU
Gesetz über die Angelegenheiten der freiwilligen Gerichtsbarkeit	FGG
Gesetz über die Entschädigung für Strafverfolgungsmaßnahmen	StrEG

---

[18] Gesetzesnamen ergänzen, zB EGZPO.
[19] Bundesland ergänzen, zB SächsGO.
[20] Organ ergänzen, zB GO-BVerfG.

Gesetz über die Zusammenarbeit von Bundesregierung
und Deutschem Bundestag in Angelegenheiten der
Europäischen Union............................ EUZBBG

Gesetz über die Zusammenarbeit von Bund und Ländern in Angelegenheiten der Europäischen Union ... EUZBLG

Gesetz über Partnerschaftsgesellschaften Angehöriger
freier Berufe .... PartGG

Gesetz über Vermögensanlagen .... VermAnlG

Gesetz zur Regelung der Miethöhe (aufgehoben) ...... MHG

Gesetz zur Regelung des Rechts der allgemeinen Geschäftsbedingungen (aufgehoben) .... AGBG

Gesetz zur Regelung des Rechts der Untersuchungsausschüsse des Deutschen Bundestages .... PUAG

Gesetz zur weiteren Erleichterung der Sanierung von
Unternehmen .... ESUG

Gewerbeordnung................................. GewO

Gewerbesteuergesetz............................. GewStG

Grundbuchordnung.............................. GBO

Grundgesetz .... GG

Haftpflichtgesetz................................. HaftPflG

Handelsgesetzbuch .... HGB

Handwerksordnung .... HwO

Haushaltsgrundsätzegesetz........................ HGrG

Haustürgeschäftewiderrufsgesetz (aufgehoben)........ HWiG

Hochschulrahmengesetz........................... HRG

Informationsfreiheitsgesetz........................ IFG

Informationsweiterverwendungsgesetz .... IWG

Insolvenzordnung .... InsO

Integrationsverantwortungsgesetz .... IntVG

Investmentgesetz (aufgehoben)..................... InvG

Jugendgerichtsgesetz............................. JGG

Kapitalanlagengesetzbuch......................... KAGB

Kommunalabgabengesetz......................... KAG[21]

---

[21] Bundesland ergänzen, zB BWKAG.

Anhang I. Abkürzungen systematisch geordnet

Kommunalordnung	KO[22]
Körperschaftsteuergesetz	KStG
Kreditwesengesetz	KWG
Kreislaufwirtschaftsgesetz	KrWG
Kündigungsschutzgesetz	KSchG
Lebenspartnerschaftsgesetz	LPartG
Markengesetz	MarkenG
Mutterschutzgesetz	MuSchG
Ordnungsbehördengesetz	OBG[23]
Ordnungswidrigkeitengesetz	OwiG
Parlamentsbeteiligungsgesetz	ParlBetG
Parlamentarisches Kontrollgremiumsgesetz	PKGrG
Parteiengesetz	ParteiG
Patentgesetz	PatG
Polizeiaufgabengesetz	PAG[24]
Polizeigesetz	PolG[25]
Polizeiorganisationsgesetz	POG[26]
Produkthaftungsgesetz	ProdHaftG
Prostitutionsgesetz	ProstG
Raumordnungsgesetz	ROG
Rechtsanwaltsvergütungsgesetz	RVG
Rechtsextremismusdatei-Gesetz	RED-G
Rechtspflegergesetz	RPflG
Scheckgesetz	ScheckG
Sicherheits- und Ordnungsgesetz	SOG[27]
Soldatengesetz	SG
Sozialgesetzbuch	SGB
Staatsangehörigkeitsgesetz	StAG

---

[22] Bundesland ergänzen, zB ThürKO.
[23] Bundesland ergänzen, zB BbgOBG.
[24] Bundesland ergänzen, zB BayPAG.
[25] Bundesland ergänzen, zB BremPolG.
[26] Bundesland ergänzen, zB ThürPOG.
[27] Bundesland ergänzen, zB NdsSOG.

Strafgesetzbuch	StGB
Strafprozessordnung	StPO
Straßenverkehrsgesetz	StVG
Straßenverkehrsordnung	StVO
Telemediengesetz	TMG
Transplantationsgesetz	TPG
Treibhausgasemissionshandelsgesetz	TEHG
Umweltinformationsgesetz	UIG
Umweltverträglichkeitsprüfungsgesetz	UVPG
Unmittelbarer Zwang-Gesetz	UzwG
Urheberrechtsgesetz	UrhG
Verbraucherkreditgesetz	VerbrKrG
Vereinsgesetz	VereinsG
Vergabe- und Vertragsordnung für Bauleistungen	VOB
Verordnung	VO
Verordnung über das Erbbaurecht	ErbbauVO
Versammlungsgesetz	VersG
Versicherungsaufsichtsgesetz	VAG
Versicherungsvertragsgesetz	VVG
Verwaltungsgerichtsordnung	VwGO
Verwaltungsverfahrensgesetz	VwVfG
Waffengesetz	WaffG
Wasserhaushaltsgesetz	WHG
Wechselgesetz	WG
Wertpapiererwerbs- und Übernahmegesetz	WpÜG
Wertpapierhandelsgesetz	WpHG
Wirtschaftsstrafgesetz	WiStrG
Wohnungseigentumsgesetz	WEG
Zivildienstgesetz	ZDG
Zivilprozessordnung	ZPO
Zwangsversteigerungsgesetz	ZVG

Für weitere Gesetzesabkürzungen s. *Kirchner*, Abkürzungsverzeichnis der Rechtssprache, 8. Aufl. 2015.

5. Internationale Verträge und europäische Rechtsakte

Agreement on Trade-Related Aspects of Intellectual Property Rights	TRIPS
Doppelbesteuerungsabkommen	DBA[28]
EG-Gerichtstands- und Vollstreckungsverordnung (VO 44/2001)	Brüssel I-VO
EU-Gerichtstands- und Vollstreckungsverordnung (VO 1215/2012)	Brüssel Ia-VO
EG-Verordnung über das auf vertragliche Schuldverhältnisse anzuwendende Recht (VO 593/2008).	Rom I-VO
EG-Verordnung über das auf außervertragliche Schuldverhältnisse anzuwendende Recht (VO 864/2007)	Rom II-VO
EG-Verordnung über die Zuständigkeit und die Anerkennung und Vollstreckung von Entscheidungen in Ehesachen und in Verfahren betreffend die elterliche Verantwortung (VO 2201/2003)	Brüssel IIa-VO
EU-Verordnung zur Durchführung einer Verstärkten Zusammenarbeit im Bereich des auf die Ehescheidung und Trennung ohne Auflösung des Ehebandes anzuwendenden Rechts (VO 1259/2010)	Rom III-VO
EU-Erbrechtsverordnung (Verordnung Nr. 650/2012 über die Zuständigkeit, das anzuwendende Recht, die Anerkennung und Vollstreckung von Entscheidungen und die Annahme und Vollstreckung öffentlicher Urkunden in Erbsachen sowie zur Einführung eines Europäischen Nachlasszeugnisses)	EuErbVO
EG-Insolvenzverfahrensverordnung (Verordnung Nr. 1346/2000 über Insolvenzverfahren).	EuInsVO
Europäische Menschenrechtskonvention	EMRK
General Agreement on Tariffs and Trade	GATT
General Agreement on Trade in Services	GATS
Genfer Flüchtlingskonvention	GFK
Genfer Konvention	GK[29]

---

[28] Vertragsstaaten ergänzen, zB DBA Deutschland/Argentinien.
[29] Nummer ergänzen, zB IV. GK.

Haager Beweisübereinkommen	HBÜ
Haager Zivilprozessübereinkommen	HZPÜ
Internationaler Pakt über bürgerliche und politische Rechte	IPBPR
UN-Kaufrecht (United Nations Convention on Contracts on the International Sale of Goods)	CISG
UN-Übereinkommen über die Anerkennung und Vollstreckung ausländischer Schiedssprüche	UNÜ
Vertrag über die Arbeitsweise der Europäischen Union	AEUV
Vertrag über die Europäische Union	EUV

6. Amtliche Veröffentlichungen

Amtsblatt der Europäischen Gemeinschaften/Europäischen Union	ABl.
Bundesanzeiger	BAnz.
Bundesgesetzblatt	BGBl.
Bundesrats-Drucksache	BR-Drs.
Bundessteuerblatt	BStBl.
Bundestags-Drucksache	BT-Drs.
Gemeinsames Ministerialblatt	GMBl.
Gesetz- und Verordnungsblatt	GVBl.[30]
Mitteilungen der deutschen Patentanwälte	MDP
Reichsgesetzblatt	RGBl.
Staatsanzeiger	StAnz.[31]
Stenographische Berichte der Sitzungen des Bundesrates	Verh. des BR
Stenographische Berichte der Sitzungen des Bundestages	Verh. des BT
United Nations Treaty Series	UNTS

7. Nichtamtliche Veröffentlichungen

Verhandlungen des deutschen Juristentages	VerhDJT
Veröffentlichungen der Vereinigung der deutschen Staatsrechtslehrer	VVDStRL

---

[30] Bundesland ergänzen, zB NdsGVBl.
[31] Bundesland ergänzen, zB ThürStAnz.

8. Entscheidungssammlungen

Arbeitsrechtliche Praxis	AP
Arbeitsrechts-Blattei	AR-Blattei
Arbeitsrechts-Sammlung	AR-Slg.
Baurechtssammlung	BRS
Bayerisches Oberstes Landesgericht in Strafsachen	BayObLGSt
Bayerisches Oberstes Landesgericht in Zivilsachen	BayObLGZ
BGH-Rechtsprechung in Zivilsachen/Strafsachen	BGHR
Die deutsche Rechtsprechung auf dem Gebiet des internationalen Privatrechts	IPRspr.
Die Rechtsprechung der Oberlandesgerichte auf dem Gebiete des Zivilrechts	OLGZ
Entscheidungen der Finanzgerichte	EFG
Entscheidungen der Oberlandesgerichte zum Straf- und Strafverfahrensrecht	OLGSt
Entscheidungen des Bundesarbeitsgerichts (Amtliche Sammlung)	BAGE
Entscheidungen des Bundesfinanzhofs (Amtliche Sammlung)	BFHE
Entscheidungen des Bundesgerichtshofs in Strafsachen (Amtliche Sammlung)	BGHSt
Entscheidungen des Bundesgerichtshofs in Zivilsachen (Amtliche Sammlung)	BGHZ
Entscheidungen des Bundespatentgerichts (Amtliche Sammlung)	BPatGE
Entscheidungen des Bundessozialgerichts (Amtliche Sammlung)	BSGE
Entscheidungen des Bundesverfassungsgerichts (Amtliche Sammlung)	BVerfGE
Entscheidungen des Bundesverwaltungsgerichts (Amtliche Sammlung)	BVerwGE
Entscheidungen des Europäischen Gerichtshofs für Menschenrechte	EGMR
französisch (Cour européenne des Droits de l'Homme)	CEDH
englisch (European Court of Human Rights)	ECHR

Entscheidungen des Hessischen Verwaltungsgerichtshofs
und des Verwaltungsgerichtshofs Baden-Württemberg   ESVGH

Entscheidungen des Oberverwaltungsgerichts für das
Land Nordrhein-Westfalen in Münster und für die
Länder Niedersachsen und Schleswig-Holstein in
Lüneburg..................................... OVGE

Entscheidungen des Reichsgerichts in Strafsachen
(Amtliche Sammlung)......................... RGSt

Entscheidungen des Reichsgerichts in Zivilsachen
(Amtliche Sammlung)......................... RGZ

Entscheidungen des rheinland-pfälzischen und des saar-
ländischen Oberverwaltungsgericht .... OVG AS

Entscheidungen des Schweizerischen Bundesgerichts
(Amtliche Sammlung)......................... BGE

Entscheidungssammlung für Wirtschafts- und Bankrecht   WuB

Entscheidungssammlung zum Arbeitsrecht........... EzA

Höchstrichterliche Finanzrechtsprechung .... HFR

Höchstrichterliche Rechtsprechung................. HRR

Kammergerichts-Report .... KG-Report

Kommentierte BGH-Rechtsprechung Lindenmaier-
Möhring .... LMK

Lindenmaier-Möhring, Nachschlagewerk des Bundesgerichtshofes................................... LM

Rechtsprechung der Hessischen Verwaltungsgerichte... HessVRspr

Sammlung arbeitsrechtlicher Entscheidungen .... SAE

Sammlung der Rechtsprechung des Gerichtshofes und
des Gerichts erster Instanz (EuGH und EuG)........ Slg.

Sozialrecht..................................... SozR

Verkehrsrechts-Sammlung .... VRS

Verwaltungsrechtsprechung .... VerwRspr

Warneyers Jahrbuch der Entscheidungen des Reichsgerichts auf dem Gebiet des Zivilrechts .... WarnRspr

9. Fachzeitschriften

Anwaltsblatt.................................... AnwBl

Arbeit und Arbeitsrecht........................... AuA

Anhang I. Abkürzungen systematisch geordnet

Arbeit und Recht	AuR
Archiv des Völkerrechts	AVR
Archiv für bürgerliches Recht	ArchBR
Archiv für die civilistische Praxis	AcP
Archiv für öffentliches Recht	AöR
Archiv für Presserecht *siehe* Zeitschrift für Medien- und Kommunikationsrecht	
Archiv für Rechts- und Sozialphilosophie	ARSP
Außenwirtschaftsdienst	AWD
Baden-Württembergische Verwaltungsblätter	BWVBl
Baurecht	BauR
Bayerische Verwaltungsblätter	BayVBl.
Betriebs-Berater	BB
Clunet *siehe* Journal du droit international	
Common Market Law Review	CMLR
Corporate Compliance Zeitschrift	CCZ
Der Betrieb	DB
Der deutsche Rechtspfleger	Rpfleger
Der öffentliche Dienst	DÖD
Der Steuerberater	Stb
Deutsche Notarzeitschrift	DNotZ
Deutsche Richterzeitung	DRiZ
Deutsche Steuerzeitung	DStZ
Deutsche Zeitschrift für Wirtschaftsrecht	DZWiR
Deutsches Steuerrecht	DStR
Deutsches Steuerrecht, Entscheidungsdienst	DStRE
Deutsches Verwaltungsblatt	DVBl
Die Aktiengesellschaft	AG
Die Öffentliche Verwaltung	DÖV
Die Verwaltung	Verw
Entscheidungen zum Wirtschaftsrecht	EWiR
Europäische Grundrechte-Zeitschrift	EuGRZ
Europäische Zeitschrift für Wirtschaftsrecht	EuZW

Europäisches Wirtschafts- und Steuerrecht	EWS
Europarecht	EuR
European Business Organization Law Review	EBOR
European Company and Financial Law Review	ECFLR
European Review of Contract Law	ERCL
European Review of Private Law	ERPL
Fachanwalt Arbeitsrecht	FA
Familie Partnerschaft und Recht	FÜR
Familie und Recht	FuR
Finanzrundschau	FR
Gewerbearchiv	GewArch
Gewerblicher Rechtsschutz und Urheberrecht	GRUR
Gewerblicher Rechtsschutz und Urheberrecht, Internationaler Teil	GRUR-Int
GmbH-Rundschau	GmbHR
Goltdammer's Archiv für Strafrecht	GA
Hanseatische Rechts- und Gerichtszeitschrift	HansGRZ
Internet-Zeitschrift für Rechtsinformatik und Informationsrecht	JurPC
Jahrbuch für Recht und Ethik	JRE
Jherings Jahrbücher für die Dogmatik des bürgerlichen Rechts	JherJb.
Journal du droit international	J.D.I.
Journal of European Tort Law	JETL
Juristen-Zeitung	JZ
Juristische Arbeitsblätter	JA
Juristische Ausbildung	JURA
Juristische Blätter	Jbl
Juristische Rundschau	JR
Juristische Schulung	JuS
Juristische Wochenschrift	JW
Kölner Schrift zum Wirtschaftsrecht	KSW
Kritische Justiz	KJ

Kritische Vierteljahresschrift für Gesetzgebung und Rechtswissenschaft	KritV
Landes- und Kommunalverwaltung	LKV
Medizinrecht	MedR
Mitteilungen der Rheinischen Notarkammer	MittRh-NotK[32]
Monatsschrift für Deutsches Recht	MDR
Multimedia und Recht	MMR
Natur und Recht	NuR
Neue Justiz	NJ
Neue Juristische Wochenschrift	NJW
Neue Juristische Wochenschrift, Rechtsprechungsreport	NJW-RR
Neue Zeitschrift für Arbeitsrecht	NZA
Neue Zeitschrift für Arbeitsrecht, Rechtsprechungsreport	NZA-RR
Neue Zeitschrift für Gesellschaftsrecht	NZG
Neue Zeitschrift für Miet- und Wohnungsrecht	NZM
Neue Zeitschrift für Sozialrecht	NZS
Neue Zeitschrift für Strafrecht	NStZ
Neue Zeitschrift für Strafrecht, Rechtsprechungsreport	NStZ-RR
Neue Zeitschrift für Verkehrsrecht	NZV
Neue Zeitschrift für Verwaltungsrecht	NVwZ
Neue Zeitschrift für Verwaltungsrecht, Rechtsprechungsreport	NVwZ-RR
Niedersächsische Verwaltungsblätter	NdsVBl.
Nordrhein-Westfälische Verwaltungsblätter	NWVBl.
Österreichische Juristen-Zeitung	ÖJZ
Praxis der Freiwilligen Gerichtsbarkeit	FGPrax
Praxis des Internationalen Privat- und Verfahrensrechts	IPRax
Rabels Zeitschrift für ausländisches und internationales Privatrecht	RabelsZ
Recht der Arbeit	RdA

---

[32] Jetzt: Rheinische Notarzeitschrift.

Recht der Finanzinstrumente	RdF
Recht der Internationalen Wirtschaft	RIW
Recht und Schaden	r+s
Rheinische Notarzeitschrift	RNotZ
Sächsische Verwaltungsblätter	SächsVBl.
Schweizerische Juristen-Zeitung	SJZ
Steuerliche Betriebsprüfung	StBp
Steuerrechtliche Vierteljahresschrift	StVj
Strafverteidiger	StV
Thüringer Verwaltungsblätter	ThürVBl.
Transportrecht	TranspR
Verbraucher und Recht	VuR
Versicherungsrecht	VersR
Verwaltungsarchiv	VerwArch
Verwaltungsrundschau	VR
Wertpapier-Mitteilungen	WM
Wettbewerb in Recht und Praxis	WRP
Wirtschaft und Wettbewerb	WuW
Zeitschrift des Deutschen Notarvereins	DNotV
Zeitschrift für Arbeitsrecht	ZfA
Zeitschrift für Ausländerrecht und Ausländerpolitik	ZAR
Zeitschrift für ausländisches öffentliches Recht und Völkerrecht	ZaöRV
Zeitschrift für Bankrecht und Bankwirtschaft	ZBB
Zeitschrift für Beamtenrecht	ZBR
Zeitschrift für das gesamte Familienrecht	FamRZ
Zeitschrift für das gesamte Handelsrecht und Wirtschaftsrecht	ZHR
Zeitschrift für das gesamte Insolvenzrecht	ZinsO
Zeitschrift für das gesamte Schuldrecht	ZGS
Zeitschrift für deutsches und internationales Baurecht	ZfBR
Zeitschrift für deutsches und internationales Vergaberecht	VergabeR
Zeitschrift für die Anwaltspraxis	ZAP

Zeitschrift für die gesamte Strafrechtswissenschaft.....	ZStW
Zeitschrift für die notarielle Beratungs- und Beurkundungspraxis.................................	NotBZ
Zeitschrift für Erbrecht und Vermögensnachfolge	ZEV
Zeitschrift für Europäisches Privatrecht	ZEuP
Zeitschrift für Europäisches Unternehmens- und Verbraucherrecht	ZEUV
Zeitschrift für Gesetzgebung	ZfG
Zeitschrift für Medien- und Kommunikationsrecht (früher Archiv für Presserecht)....................	AfP
Zeitschrift für Miet- und Raumrecht.................	ZMR
Zeitschrift für öffentliches Recht....................	ZÖffR
Zeitschrift für öffentliches Recht in Norddeutschland ..	NordÖR
Zeitschrift für Rechtspolitik........................	ZRP
Zeitschrift für Schiedsverfahren.....................	SchiedsVZ
Zeitschrift für Schweizerisches Recht	ZSR
Zeitschrift für Sport und Recht	SpuRt
Zeitschrift für Umweltrecht........................	ZUR
Zeitschrift für Unternehmens- und Gesellschaftsrecht ..	ZGR
Zeitschrift für Urheber- und Medienrecht............	ZUM
Zeitschrift für vergleichende Rechtswissenschaft	ZVglRWiss
Zeitschrift für Versicherungswesen	ZfV
Zeitschrift für Wirtschaftsrecht	ZIP
Zeitschrift für Wirtschaft, Steuer, Strafrecht..........	wistra
Zeitschrift für Zivilprozess.........................	ZZP
Zeitschrift für Zivilprozess international.............	ZZP Int

10. Kommentare

Erfurter Kommentar zum Arbeitsrecht	ErfK
Großkommentar zum Aktiengesetz	Großkomm. AktG
Großkommentar zum Handelsgesetzbuch............	Großkomm. HGB

Karlsruher Kommentar zum Gesetz über Ordnungswidrigkeiten	KK-OWiG
Karlsruher Kommentar zur Strafprozessordnung	KK-StPO
Kölner Kommentar zum Aktiengesetz	Kölner Komm AktG
Kölner Kommentar zum Wertpapierhandelsgesetz	Kölner Komm WpHG
Leipziger Kommentar zum Strafgesetzbuch	LK-StGB
Münchener Kommentar zum Aktiengesetz	MüKoAktG
Münchener Kommentar zum Bürgerlichen Gesetzbuch	MüKoBGB
Münchener Kommentar zum Handelsgesetzbuch	MüKoHGB
Münchener Kommentar zum Strafgesetzbuch	MüKoStGB
Münchener Kommentar zur Insolvenzordnung	MüKoInsO
Münchener Kommentar zur Zivilprozessordnung	MüKoZPO
Nomos-Kommentar BGB	NK-BGB
Systematischer Kommentar zum Strafgesetzbuch	SK-StGB

11. Schlüsselwörter

Absatz	Abs.
Aktenzeichen	Az.
Aktiengesellschaft	AG
Allgemeiner Teil	AT
alte Fassung	aF
Alternative	Alt.
am angegebenen Ort	aaO
anderer Ansicht	aA
Anhang	Anh.
Anmerkung	Anm.
Artikel	Art.
Auflage	Aufl.
ausführlich	ausf.
Band	Bd.
Bände	Bde.
bearbeitet von	bearb. v.
Bearbeitung	Bearb.
Beispiel	Bsp.
Beschluss	Beschl.

Besonderer Teil	BT
beziehungsweise	bzw.
Blatt	Bl.
das heißt	dh
denselben	dens.
dergleichen	dgl.
derselbe	ders.
dieselbe, dieselben	dies.
Dissertation	Diss.
Dokument	Dok.
ebenda	ebd.
European Case Law Identifier	ECLI
Einleitung	Einl.
endgültig	endg.
Entscheidung	Entsch.
Entwurf	E
et alii (und andere)	et al.
Festgabe	FG
Festschrift	FS
folgende (Einzahl)	f.
folgende (Mehrzahl)	ff.
Fortsetzung	Forts.
für	f.
Fußnote	Fn.
Gedächtnisschrift	GS
gegebenenfalls	ggf.
gemäß	gem.
Generalanwalt	GA
Gesellschaft bürgerlichen Rechts	GbR
Gesellschaft mit beschränkter Haftung	GmbH
Halbsatz	Hs.
Herausgeber	Hrsg.
herausgegeben von	hrsg. v.
herrschende Lehre	hL
herrschende Meinung	hM
im engeren Sinne	ieS
im Sinne des	iS des, iSd
im Sinne von	iS von, iSv
im weiteren Sinne	iwS
insbesondere	insbes.
in Verbindung mit	iV mit, iVm

Kapitel	Kap.
Kommanditgesellschaft	KG
Kommanditgesellschaft auf Aktien	KGaA
kritisch	krit.
linke Spalte	li. Sp.
litera	lit.
Loseblatt	Losebl.
mit	m.
mit weiteren Nachweisen	mwN
Neubearbeitung	Neubearb.
neue Fassung	nF
neue Folge	N. F.
nicht veröffentlicht	nv
Nummer	Nr.
Nummern	Nrn.
oben	o.
offene Handelsgesellschaft	oHG
ohne Jahresangabe	oJ
ohne Namensangabe	oN
ohne Ortsangabe	oO
Paragraf	§
Paragrafen	§§
Protokolle der Kommission für die zweite Lesung des Entwurfs des Bürgerlichen Gesetzbuches	Prot.
Randnummer	Rn.
Randziffer	Rz.
rechte Spalte	re. Sp.
Rechtsprechung	Rspr.
Rechtssache	Rs.
Referentenentwurf	RefE
Rückseite	R
Sammlung	Slg.
Satz	S.
Schlussanträge	SchlA
Seite	S.
siehe	s.
Sonderbeilage	Sonderbeil.
Spalte	Sp.
ständige Rechtsprechung	stRspr
streitig	str.

Anhang I. Abkürzungen systematisch geordnet

und andere	ua
und so weiter	usw
unten	u.
Unterabsatz	UAbs.
unter anderem	ua
Urteil	Urt.
Variante	Var.
Verfügung	Vfg.
vergleiche	vgl.
Verordnung	VO
vom, von, vor	v.
vor allem	va
Vorbemerkung	Vorb.
Wahlperiode	Wahlp.
zu, zum, zur	z.
zugleich	zugl.
zum Beispiel	zB

Anhang II.
Abkürzungen alphabetisch geordnet

aA.	anderer Ansicht
aaO.	am angegebenen Ort
AbgG	Abgeordnetengesetz
ABl.	Amtsblatt der Europäischen Gemeinschaften/Europäischen Union
Abs.	Absatz
AcP.	Archiv für die civilistische Praxis
AEUV	Vertrag über die Arbeitsweise der Europäischen Union
aF	alte Fassung
AfP.	Zeitschrift für Medien- und Kommunikationsrecht (früher: Archiv für Presserecht)
AG	Amtsgericht, Aktiengesellschaft, Die Aktiengesellschaft (Zeitschrift), Ausführungsgesetz
AGBG	Gesetz zur Regelung des Rechts der allgemeinen Geschäftsbedingungen (aufgehoben)
AGG.	Allgemeines Gleichbehandlungsgesetz
AktG	Aktiengesetz
Alt.	Alternative
AMG	Arzneimittelgesetz
Anm.	Anmerkung
AnwBl	Anwaltsblatt
AO	Abgabenordnung
AöR	Archiv für öffentliches Recht
AP	Arbeitsrechtliche Praxis
AR-Blattei	Arbeitsrechts-Blattei
AR-Slg.	Arbeitsrechts-Sammlung
ArbG	Arbeitsgericht
ArbGG	Arbeitsgerichtsgesetz
ArchBR	Archiv für bürgerliches Recht
ArchVölkR	Archiv des Völkerrechts
ARSP	Archiv für Rechts- und Sozialphilosophie
Art.	Artikel
ASOG	Allgemeines Gesetz zum Schutz der Sicherheit und Ordnung

Anhang II. Abkürzungen alphabetisch geordnet

AsylVerfG	Asylverfahrensgesetz
AT	Allgemeiner Teil
ATDG	Antiterrordateigesetz
AuA	Arbeit und Arbeitsrecht
AufenthG	Aufenthaltsgesetz
AufenthV	Aufenthaltsverordnung
Aufl.	Auflage
AuR	Arbeit und Recht
ausf.	ausführlich
AuslG	Ausländergesetz
AVAG	Anerkennungs- und Vollstreckungsausführungsgesetz
AWD	Außenwirtschaftsdienst
Az.	Aktenzeichen
BaFin	Bundesamt für Finanzdienstleistungsaufsicht
BAG	Bundesarbeitsgericht
BAGE	Entscheidungen des Bundesarbeitsgerichts (Amtliche Sammlung)
BAnz.	Bundesanzeiger
BauGB	Baugesetzbuch
BauNVO	Baunutzungsverordnung
BauO	Bauordnung
BauR	Baurecht
Bay., bay.	Bayern, bayerisch
BayObLG	Bayerisches Oberstes Landesgericht
BayObLGSt	Bayerisches Oberstes Landesgericht in Strafsachen
BayObLGZ	Bayerisches Oberstes Landesgericht in Zivilsachen
BayVBl.	Bayerische Verwaltungsblätter
BB	Betriebs-Berater
Bbg., bbg.	Brandenburg, brandenburgisch
Bd.	Band
Bde.	Bände
BDSG	Bundesdatenschutzgesetz
Bearb.	Bearbeitung
bearb. v.	bearbeitet von
Beschl.	Beschluss
BetrVG	Betriebsverfassungsgesetz
BeurkG	Beurkundungsgesetz
BFH	Bundesfinanzhof

BFHE	Entscheidungen des Bundesfinanzhofs (Amtliche Sammlung)
BG	Schweizerisches Bundesgericht
BGB	Bürgerliches Gesetzbuch
BGBl.	Bundesgesetzblatt
BGE	Entscheidungen des Schweizerischen Bundesgerichts (Amtliche Sammlung)
BGH	Bundesgerichtshof
BGHR	BGH-Rechtsprechung in Zivilsachen/Strafsachen
BGHSt	Entscheidungen des Bundesgerichtshofs in Strafsachen (Amtliche Sammlung)
BGHZ	Entscheidungen des Bundesgerichtshofs in Zivilsachen (Amtliche Sammlung)
BImschG	Bundes-Immissionsschutzgesetz
BImschVO	Bundes-Immissionsschutzverordnung
BJagdG	Bundesjagdgesetz
BKartA	Bundeskartellamt
Bl.	Blatt
Bln., bln.	Berlin, Berliner, berlinerisch
BMF	Bundesministerium der finanzen
BNAG	Bundesnetzagenturgesetz
BNatSchG	Bundesnaturschutzgesetz
BNotO	Bundesnotarordnung
BO	Bauordnung
BörsG	Börsengesetz
BPatG	Bundespatentgericht
BPatGE	Entscheidungen des Bundespatentgerichts (Amtliche Sammlung)
BPolG	Bundespolizeigesetz
BPräs.	Bundespräsident
BR	Bundesrat
BR-Drs.	Bundesrats-Drucksache
BRAO	Bundesrechtsanwaltsordnung
Brem., brem.	Bremen, Bremer, bremisch
BRS	Baurechtssammlung
Brüssel I-VO	Verordnung (EG) Nr. 44/2001 über die gerichtliche Zuständigkeit und die Anerkennung und Vollstreckung von Entscheidungen in Zivil- und Handelssachen

Brüssel Ia-VO	Verordnung (EU) Nr. 1215/2012 über die gerichtliche Zuständigkeit und die Anerkennung und Vollstreckung von Entscheidungen in Zivil- und Handelssachen (Neufassung)
Brüssel IIa-VO	EG-Verordnung über die Zuständigkeit und die Anerkennung und Vollstreckung von Entscheidungen in Ehesachen und in Verfahren betreffend die elterliche Verantwortung (VO 2201/2003)
BSG	Bundessozialgericht
BSGE	Entscheidungen des Bundessozialgerichts (Amtliche Sammlung)
BSHG	Bundessozialhilfegesetz
Bsp.	Beispiel
BStBl.	Bundessteuerblatt
BT	Bundestag, Besonderer Teil
BT-Drs.	Bundestags-Drucksache
BTMG	Betäubungsmittelgesetz
BUrlG	Bundesurlaubsgesetz
BVerfG	Bundesverfassungsgericht
BVerfGE	Entscheidungen des Bundesverfassungsgerichts (Amtliche Sammlung)
BVerfGG	Bundesverfassungsgerichtsgesetz
BVerfSchG	Bundesverfassungsschutzgesetz
BVersG	Bundesversammlungsgesetz
BVerwG	Bundesverwaltungsgericht
BVerwGE	Entscheidungen des Bundesverwaltungsgerichts (Amtliche Sammlung)
BW, bw.	Baden-Württemberg, baden-württembergisch
BWG	Bundeswahlgesetz
BWVBl	Baden-Württembergische Verwaltungsblätter
bzw.	beziehungsweise
CCZ	Corporate Compliance Zeitschrift
CEDH	Entscheidungen des Europäischen Gerichtshofs für Menschenrechte (Cour européenne des Droits de l'Homme) (Amtliche Sammlung)
CISG	United Nations Convention on Contracts for the International Sale of Goods (UN-Kaufrecht)
CMLR	Common Market Law Review

DB	Der Betrieb
DBA	Doppelbesteuerungsabkommen
dens.	denselben
ders.	derselbe
dgl.	dergleichen
dh	das heißt
dies.	dieselbe, dieselben
Diss.	Dissertation
DNotV	Zeitschrift des Deutschen Notarvereins
DNotZ	Deutsche Notarzeitschrift
DÖD	Der öffentliche Dienst
Dok.	Dokument
DÖV	Die Öffentliche Verwaltung
DRiZ	Deutsche Richterzeitung
DStR	Deutsches Steuerrecht
DStRE	Deutsches Steuerrecht, Entscheidungsdienst
DStZ	Deutsche Steuerzeitung
DVBl	Deutsches Verwaltungsblatt
DZWiR	Deutsche Zeitschrift für Wirtschaftsrecht
E	Entwurf
EAGV	Vertrag zur Gründung der Europäischen Atomgemeinschaft
EBA	Europäische Bankenaufsichtsbehörde (European Banking Authority)
ebd.	ebenda
EBOR	European Business Organization Law Review
ECFLR	European Company and Financial Law Review
ECHR	Entscheidungen des Europäischen Gerichtshofs für Menschenrechte (European Court of Human Rights) (Amtliche Sammlung)
ECLI	European Case Law Identifier
EFG	Entscheidungen der Finanzgerichte
EFTA	Europäische Freihandelszone (European Free Trade Association)
EG	Einführungsgesetz, Europäische Gemeinschaft
EGMR	Europäischer Gerichtshof für Menschenrechte
Einl.	Einleitung
EIOPA	Europäische Aufsichtsbehörde für das Versicherungswesen und die betriebliche Altersversorgung (European Insurance and Occupational Pensions Authority)

Anhang II. Abkürzungen alphabetisch geordnet

ELI	European Law Institute
EMRK	Europäische Menschenrechtskonvention
endg.	endgültig
EntgFG	Entgeltfortzahlungsgesetz
Entsch.	Entscheidung
EnWG	Energiewirtschaftsgesetz
ErbbauVO	Verordnung über das Erbbaurecht
ERCL	European Review of Contract Law
ErfK	Erfurter Kommentar zum Arbeitsrecht
ERPL	European Review of Private Law
ESM	Europäischer Stabilitätsmechanismus
ESMA	Europäische Wertpapier- und Marktaufsichtsbehörde (European Securities and Markets Authority)
EStG	Einkommensteuergesetz
ESUG	Gesetz zur weiteren Erleichterung der Sanierung von Unternehmen
ESVGH	Entscheidungen des Hessischen Verwaltungsgerichtshofs und des Verwaltungsgerichtshofs Baden-Württemberg
et al.	et alii (und andere)
EU	Europäische Union
EuEheVO	siehe Brüssel IIa-VO
EuErbVO	Verordnung Nr. 650/2012 über die Zuständigkeit, das anzuwendende Recht, die Anerkennung und Vollstreckung von Entscheidungen und die Annahme und Vollstreckung öffentlicher Urkunden in Erbsachen sowie zur Einführung eines Europäischen Nachlasszeugnisses (EU-Erbrechtsverordnung)
EuG	Europäisches Gericht
EuGH	Europäischer Gerichtshof
EuGRZ	Europäische Grundrechte-Zeitschrift
EuGVVO	siehe Brüssel I-VO
EuInsVO	Verordnung über Insolvenzverfahren
EuR	Europarecht
EUV	Vertrag über die Europäische Union
EUZBBG	Gesetz über die Zusammenarbeit von Bundesregierung und Deutschem Bundestag in Angelegenheiten der Europäischen Union

EUZBLG	Gesetz über die Zusammenarbeit von Bund und Ländern in Angelegenheiten der Europäischen Union
EuZW	Europäische Zeitschrift für Wirtschaftsrecht
EWiR	Entscheidungen zum Wirtschaftsrecht
EWR	Europäischer Wirtschaftsraum
EWS	Europäisches Wirtschafts- und Steuerrecht
EzA	Entscheidungssammlung zum Arbeitsrecht
f.	folgende (Einzahl), für
FA	Fachanwalt Arbeitsrecht (Zeitschrift)
FamFG	Gesetz über das Verfahren in Familiensachen und in den Angelegenheiten der freiwilligen Gerichtsbarkeit
FamRZ	Zeitschrift für das gesamte Familienrecht
FernAbsG	Fernabsatzgesetz (aufgehoben)
ff.	folgende (Mehrzahl)
FG	Festgabe
FG	Finanzgericht
FGG	Gesetz über die Angelegenheiten der freiwilligen Gerichtsbarkeit
FGPrax	Praxis der Freiwilligen Gerichtsbarkeit
Fn.	Fußnote
Forts.	Fortsetzung
FPR	Familie Partnerschaft Recht
FR	Finanzrundschau
FreizügG/EU	Gesetz über die allgemeine Freizügigkeit von Unionsbürgern
FS	Festschrift
FuR	Familie und Recht
FVG	Finanzverwaltungsgesetz
GA	Goltdammer's Archiv für Strafrecht, Generalanwalt
GastG	Gaststättengesetz
GATS	General Agreement on Trade in Services
GATT	General Agreement on Tariffs and Trade
GBO	Grundbuchordnung
GbR	Gesellschaft bürgerlichen Rechts
gem.	gemäß
GemO	Gemeindeordnung
GenTG	Gentechnikgesetz

GewArch	Gewerbearchiv
GewO	Gewerbeordnung
GewStG	Gewerbesteuergesetz
GFK	Genfer Flüchtlingskonvention
GG	Grundgesetz
ggf.	gegebenenfalls
GK	Genfer Konvention, Große Kammer
GKG	Gerichtskostengesetz
GmbH	Gesellschaft mit beschränkter Haftung
GmbHG	Gesetz betreffend die Gesellschaften mit beschränkter Haftung
GmbHR	GmbH-Rundschau
GMBl	Gemeinsames Ministerialblatt
GmS-OBG	Gemeinsamer Senat der obersten Gerichtshöfe des Bundes
Großkomm. AktG	Großkommentar zum Aktiengesetz
Großkomm. HGB	Großkommentar zum Handelsgesetzbuch
GrS	Großer Senat
GRUR	Gewerblicher Rechtsschutz und Urheberrecht
GRUR Int	Gewerblicher Rechtsschutz und Urheberrecht, Internationaler Teil
GS	Gedächtnisschrift
GVBl	Gesetz- und Verwaltungsblatt
GVG	Gerichtsverfassungsgesetz
GWB	Gesetz gegen Wettbewerbsbeschränkungen
HaftPflG	Haftpflichtgesetz
HansGRZ	Hanseatische Rechts- und Gerichtszeitschrift
HansOLG	Hanseatisches Oberlandesgericht (OLG Hamburg)
HBÜ	Haager Beweisübereinkommen
Hess., hess.	Hessen, hessisch
HessVGRspr.	Rechtsprechung der Hessischen Verwaltungsgerichte
HFR	Höchstrichterliche Finanzrechtsprechung
HGB	Handelsgesetzbuch
HGrG	Haushaltsgrundsätzegesetz
hL	herrschende Lehre
hM	herrschende Meinung
Hmb., hmb.	Hamburg, hamburgisch

HRG	Hochschulrahmengesetz
HRR	Höchstrichterliche Rechtsprechung
Hrsg.	Herausgeber
hrsg. v.	herausgegeben von
Hs.	Halbsatz
HWiG	Haustürgeschäftewiderrufsgesetz (aufgehoben)
HwO	Handwerksordnung
HZPÜ	Haager Zivilprozeßübereinkommen
ICSID	International Centre for Settlement of Investment Disputes
ieS.	im engeren Sinne
IFG	Informationsfreiheitsgesetz
IMF	*siehe* IWF
insbes.	insbesondere
InsO	Insolvenzordnung
IntVG	Integrationsverantwortungsgesetz
InvG	Investmentgesetz
IPBPR	Internationaler Pakt über bürgerliche und politische Rechte
IPRax	Praxis des Internationalen Privat- und Verfahrensrechts
IPRspr	Die deutsche Rechtsprechung auf dem Gebiet des internationalen Privatrechts
iSd	im Sinne des
iSv	im Sinne von
iVm	in Verbindung mit
IWF	Internationaler Währungsfonds (International Monetary Fund)
IWG	Gesetz über die Weiterverwendung von Informationen öffentlicher Stellen (Informationsweiterverwendungsgesetz)
iwS	im weiteren Sinne
JA	Juristische Arbeitsblätter
J.D.I.	Journal du droit international
JETL	Journal of European Tort Law
JR	Juristische Rundschau
JRE	Jahrbuch für Recht und Ethik
Jura	Juristische Ausbildung

JurPC	Internet-Zeitschrift für Rechtsinformatik und Informationsrecht
JuS	Juristische Schulung
JW	Juristische Wochenschrift
JZ	Juristen-Zeitung
KAG	Kommunalabgabengesetz
KAGB	Kapitalanlagengesetzbuch
Kap.	Kapitel
KG	Kammergericht, Kommanditgesellschaft
KG-Report	Kammergerichts-Report
KGaA	Kommanditgesellschaft auf Aktien
KJ	Kritische Justiz
KK	Karlsruher Kommentar zur Strafprozessordnung
KK-OWiG	Karlsruher Kommentar zum Gesetz über Ordnungswidrigkeiten
KK-StPO	Karlsruher Kommentar zur Strafprozessordnung
KO	Kommunalordnung
Kölner Komm AktG	Kölner Kommentar zum Aktiengesetz
Kölner Komm WpHG	Kölner Kommentar zum Wertpapierhandelsgesetz
KOM	Kommission der Europäischen Gemeinschaften
krit.	kritisch
KritV	Kritische Vierteljahresschrift für Gesetzgebung und Rechtswissenschaft
KrWG	Kreislaufwirtschaftsgesetz
KSchG	Kündigungsschutzgesetz
KStG	Körperschaftsteuergesetz
KSZW	Kölner Schrift zum Wirtschaftsrecht
KWG	Kreditwesengesetz
LAG	Landesarbeitsgericht
LG	Landgericht
li. Sp.	linke Spalte
lit.	litera (Buchstabe)
LK-StGB	Leipziger Kommentar zum Strafgesetzbuch
LKV	Landes- und Kommunalverwaltung
LM	Lindenmaier-Möhring, Nachschlagewerk des Bundesgerichtshofes

LMK	Kommentierte BGH-Rechtsprechung Lindenmaier-Möhring
Losebl.	Loseblatt
LPartG	Lebenspartnerschaftsgesetz
LSA	Sachsen-Anhalt
LSG	Landessozialgericht
LVerfG	Landesverfassungsgericht
m.	mit
MarkenG	Markengesetz
MDP	Mitteilungen der deutschen Patentanwälte
MDR	Monatsschrift für Deutsches Recht
MedR	Medizinrecht
MHG	Gesetz zur Regelung der Miethöhe
MittRhNK	Mitteilungen der Rheinischen Notarkammer
MMR	Multimedia und Recht
MüKoAktG	Münchener Kommentar zum Aktiengesetz
MüKoBGB	Münchener Kommentar zum Bürgerlichen Gesetzbuch
MüKoHGB	Münchener Kommentar zum Handelsgesetzbuch
MüKoInsO	Münchener Kommentar zur Insolvenzordnung
MüKoStGB	Münchener Kommentar zum Strafgesetzbuch
MüKoZPO	Münchener Kommentar zur Zivilprozessordnung
MuSchG	Mutterschutzgesetz
MV, mv.	Mecklenburg-Vorpommern, Mecklenburg-Vorpommer, mecklenburg-vorpommerisch
mwN	mit weiteren Nachweisen
NATO	North Atlantic Treaty Organization
Nds., nds.	Niedersachen, niedersächsisch
NdsVBl	Niedersächsische Verwaltungsblätter
Neubearb.	Neubearbeitung
nF	neue Fassung
F	neue Folge
NJ	Neue Justiz
NJW	Neue Juristische Wochenschrift
NJW-RR	Neue Juristische Wochenschrift, Rechtsprechungsreport
NK-BGB	Nomos-Kommentar BGB
NordÖR	Zeitschrift für öffentliches Recht in Norddeutschland

NotBZ	Zeitschrift für die notarielle Beratungs- und Beurkundungspraxis
Nr.	Nummer
NRW	Nordrhein-Westfalen, nordrhein-westfälisch
NStZ	Neue Zeitschrift für Strafrecht
NStZ-RR	Neue Zeitschrift für Strafrecht, Rechtsprechungsreport
NuR	Natur und Recht
nv	nicht veröffentlicht
NVwZ	Neue Zeitschrift für Verwaltungsrecht
NVwZ-RR	Neue Zeitschrift für Verwaltungsrecht, Rechtsprechungsreport
NW	Nordrhein-Westfalen, nordrhein-westfälisch
NWVBl	Nordrhein-Westfälische Verwaltungsblätter
NZA	Neue Zeitschrift für Arbeitsrecht
NZA-RR	Neue Zeitschrift für Arbeitsrecht, Rechtsprechungsreport
NZG	Neue Zeitschrift für Gesellschaftsrecht
NZM	Neue Zeitschrift für Miet- und Wohnungsrecht
NZS	Neue Zeitschrift für Sozialrecht
NZV	Neue Zeitschrift für Verkehrsrecht
o.	oben
OBG	Ordnungsbehördengesetz
OECD	Organisation for Economic Co-operation and Development
OFD	Oberfinanzdirektion
OGH	Oberster Gerichtshof (Österreich)
oHG	offene Handelsgesellschaft
oJ	ohne Jahresangabe
ÖJZ	Österreichische Juristen-Zeitung
OLG	Oberlandesgericht
OLGSt	Entscheidungen der Oberlandesgerichte zum Straf- und Strafverfahrensrecht
OLGZ	Die Rechtsprechung der Oberlandesgerichte auf dem Gebiete des Zivilrechts
oN	ohne Namensangabe
oO	ohne Ortsangabe
OSZE	Organisation für Sicherheit und Zusammenarbeit in Europa
OVG	Oberverwaltungsgericht

OVGE	Entscheidungen des Oberverwaltungsgerichts für das Land Nordrhein-Westfalen in Münster und für die Länder Niedersachsen und Schleswig-Holstein in Lüneburg
OWiG	Ordnungswidrigkeitengesetz
PAG	Polizeiaufgabengesetz
ParlBetG	Parlamentsbeteiligungsgesetz (Gesetz über die parlamentarische Beteiligung bei der Entscheidung über den Einsatz bewaffneter Streitkräfte im Ausland)
ParteiG	Parteiengesetz
PartGG	Gesetz über Partnerschaftsgesellschaften Angehöriger freier Berufe
PatG	Patentgesetz
PKGrG	Gesetz über die parlamentarische Kontrolle nachrichtendienstlicher Tätigkeit des Bundes
POG	Polizeiorganisationsgesetz
PolG	Polizeigesetz
ProdHaftG	Produkthaftungsgesetz
ProstG	Prostituiertengesetz
Prot.	Protokolle der Kommission für die zweite Lesung des Entwurfs des Bürgerlichen Gesetzbuches
PUAG	Gesetz zur Regelung des Rechts der Untersuchungsausschüsse des Deutschen Bundestages
R	Rückseite
RabelsZ	Rabels Zeitschrift für ausländisches und internationales Privatrecht
RdA	Recht der Arbeit
RdF	Recht der Finanzinstrumente
re. Sp.	rechte Spalte
RED-G	Gesetz zur Errichtung einer standardisierten zentralen Datei von Polizeibehörden und Nachrichtendiensten von Bund und Ländern zur Bekämpfung des gewaltbezogenen Rechtsextremismus (Rechtsextremismusdatei-Gesetz)
RefE.	Referentenentwurf
RG	Reichsgericht
RGBl.	Reichsgesetzblatt

Anhang II. Abkürzungen alphabetisch geordnet

RGSt	Entscheidungen des Reichsgerichts in Strafsachen (Amtliche Sammlung)
RGZ	Entscheidungen des Reichsgerichts in Zivilsachen (Amtliche Sammlung)
RhPf., rhpf.	Rheinland-Pfalz, rheinland-pfälzisch
RIW	Recht der Internationalen Wirtschaft
Rn.	Randnummer
RNotZ	Rheinische Notarzeitschrift
ROG	Raumordnungsgesetz
Rom I-VO	Verordnung (EG) Nr. 593/2008 über das auf vertragliche Schuldverhältnisse anzuwendende Recht
Rom II-VO	Verordnung (EG) Nr. 864/2007 über das auf außervertragliche Schuldverhältnisse anzuwendende Recht
Rom III-VO	Verordnung (EU) Nr. 1259/2010 zur Durchführung einer Verstärkten Zusammenarbeit im Bereich des auf die Ehescheidung und Trennung ohne Auflösung des Ehebandes anzuwendenden Rechts
Rpfleger	Der deutsche Rechtspfleger (Zeitschrift)
RPflG	Rechtspflegergesetz
Rs.	Rechtssache
r+s	Recht und Schaden (Zeitschrift)
Rspr.	Rechtsprechung
RVG	Rechtsanwaltsvergütungsgesetz
Rz.	Randziffer
S.	Seite, Satz
s.	siehe
s. o.	siehe oben
s. u.	siehe unten
Saarl., saarl.	Saarland, saarländisch
Sachs.	Sachsen
sächs.	sächsisch
sachsanh.	sachsen-anhaltinisch
SächsVBl	Sächsische Verwaltungsblätter
SAE	Sammlung arbeitsrechtlicher Entscheidungen
ScheckG	Scheckgesetz
SchiedsVZ	Zeitschrift für Schiedsverfahren
SchlH	Schleswig-Holstein, Schleswig-holsteinisch
SchlA	Schlussanträge
SG	Soldatengesetz

SGB	Sozialgesetzbuch
SJZ	Schweizerische Juristen-Zeitung
SK-StGB	Systematischer Kommentar zum Strafgesetzbuch
Slg.	Sammlung der Rechtsprechung des Gerichtshofes und des Gerichts erster Instanz
SOG	Gesetz über die öffentliche Sicherheit und Ordnung, Sicherheits- und Ordnungsgesetz
Sonderbeil.	Sonderbeilage
SozG	Sozialgericht
SozR	Sozialrecht
Sp.	Spalte
SpuRt	Zeitschrift für Sport und Recht
StAG	Staatsangehörigkeitsgesetz
StAnz.	Staatsanzeiger
Stb	Der Steuerberater
StBp	Steuerliche Betriebsprüfung
StGB	Strafgesetzbuch
StPO	Strafprozessordnung
str.	streitig
StrEG	Gesetz über die Entschädigung für Strafverfolgungsmaßnahmen
stRspr	ständige Rechtsprechung
StV	Strafverteidiger (Zeitschrift)
StVG	Straßenverkehrsgesetz
StVj	Steuerrechtliche Vierteljahresschrift
StVO	Straßenverkehrsordnung
TEHG	Treibhausgasemissionshandelsgesetz
Thür., thür.	Thüringen, Thüringer, thüringisch
ThürVBl	Thüringer Verwaltungsblätter
TMG	Telemediengesetz
TPG	Transplantationsgesetz
TranspR	Transportrecht
TRIPS	Agreement on Trade-Related Aspects of Intellectual Property Rights
u.	unten
ua	unter anderem, und andere
UAbs.	Unterabsatz
UIG	Umweltinformationsgesetz

UNCITRAL	United Nations Commission on International Trade Law
UNIDROIT	International Institute for the Unification of Private Law
UNO	Vereinte Nationen (United Nations)
UNTS	United Nations Treaty Series
UNÜ	UN-Übereinkommen über die Anerkennung und Vollstreckung ausländischer Schiedssprüche
UrhG	Urheberrechtsgesetz
Urt.	Urteil
usw.	und so weiter
UVPG	Umweltverträglichkeitsprüfungsgesetz
UWG	Gesetz gegen den unlauteren Wettbewerb
UZwG	Gesetz über den unmittelbaren Zwang bei Ausübung öffentlicher Gewalt durch Vollzugsbeamte des Bundes (Unmittelbarer Zwang-Gesetz)
v.	vom, von, vor
va	vor allem
VAG	Gesetz über die Beaufsichtigung der Versicherungsunternehmen (Versicherungsaufsichtsgesetz)
Var.	Variante
VerbrKrG	Verbraucherkreditgesetz
VerfGH	Verfassungsgerichtshof
VerG	Vereinsgesetz
VergabeR	Zeitschrift für deutsches und internationales Vergaberecht
Verh. d. BR	Stenographische Berichte der Sitzungen des Bundesrates
Verh. d. BT	Stenographische Berichte der Sitzungen des Bundestages
VerhDJT	Verhandlungen des deutschen Juristentages
VermAnlG	Gesetz über Vermögensanlagen
VersG	Versammlungsgesetz
VersR	Versicherungsrecht
Verw	Die Verwaltung
VerwArch	Verwaltungsarchiv
VerwRspr	Verwaltungsrechtsprechung
Vfg.	Verfügung
VG	Verwaltungsgericht
VGH	Verwaltungsgerichtshof

vgl.	vergleiche
VO	Verordnung
VOB	Vergabe- und Vertragsordnung für Bauleistungen
Vorb.	Vorbemerkung
VR	Verwaltungsrundschau
VRS	Verkehrsrechts-Sammlung
VuR	Verbraucher und Recht
VVDStRL	Veröffentlichungen der Vereinigung der deutschen Staatsrechtslehrer
VVG	Versicherungsvertragsgesetz
VwGO	Verwaltungsgerichtsordnung
VwVfG	Verwaltungsverfahrensgesetz
WaffG	Waffengesetz
Wahlp.	Wahlperiode
WarnRspr	Warneyers Jahrbuch der Entscheidungen des Reichsgerichts auf dem Gebiet des Zivilrechts
WEG	Wohnungseigentumsgesetz
WG	Wechselgesetz
wistra	Zeitschrift für Wirtschaft, Steuer, Strafrecht
WiStraG	Wirtschaftsstrafgesetz
WM	Wertpapier-Mitteilungen
WpHG	Wertpapierhandelsgesetz
WpÜG	Wertpapiererwerbs- und Übernahmegesetz
WRP	Wettbewerb in Recht und Praxis
WTO	Welthandelsorganisation (World Trade Organization)
WuB	Entscheidungssammlung für Wirtschafts- und Bankrecht
WuW	Wirtschaft und Wettbewerb
z.	zu, zum, zur
ZaöRV	Zeitschrift für ausländisches öffentliches Recht und Völkerrecht
ZAP	Zeitschrift für die Anwaltspraxis
ZAR	Zeitschrift für Ausländerrecht und Ausländerpolitik
zB	zum Beispiel
ZBB	Zeitschrift für Bankrecht und Bankwirtschaft
ZBR	Zeitschrift für Beamtenrecht
ZDG	Zivildienstgesetz
ZEuP	Zeitschrift für Europäisches Privatrecht

ZEuV	Zeitschrift für Europäisches Unternehmens- und Verbraucherrecht
ZEV	Zeitschrift für Erbrecht und Vermögensnachfolge
ZfA	Zeitschrift für Arbeitsrecht
ZfBR	Zeitschrift für deutsches und internationales Baurecht
ZfG	Zeitschrift für Gesetzgebung
ZfV	Zeitschrift für Versicherungswesen
ZGR	Zeitschrift für Unternehmens- und Gesellschaftsrecht
ZGS	Zeitschrift für das gesamte Schuldrecht
ZHR	Zeitschrift für das gesamte Handelsrecht und Wirtschaftsrecht
ZinsO	Zeitschrift für das gesamte Insolvenzrecht
ZIP	Zeitschrift für Wirtschaftsrecht
ZMR	Zeitschrift für Miet- und Raumrecht
ZÖffR	Zeitschrift für öffentliches Recht
ZPO	Zivilprozessordnung
ZRP	Zeitschrift für Rechtspolitik
ZSR	Zeitschrift für Schweizerisches Recht
ZStW	Zeitschrift für die gesamte Strafrechtswissenschaft
zugl.	zugleich
ZUM	Zeitschrift für Urheber- und Medienrecht
ZUR	Zeitschrift für Umweltrecht
ZVG	Zwangsversteigerungsgesetz
ZVglRWiss	Zeitschrift für vergleichende Rechtswissenschaft
ZZP	Zeitschrift für Zivilprozess
ZZP Int	Zeitschrift für Zivilprozess international

Anhang III.
Beispiel eines Titelblatts

Deising, Nicolas
Am Schwalbenbrunnen 21
06108 Halle (Saale)
6. Fachsemester
Matrikelnummer: 12345678   15.6.2014

**Die Regulierung von Warenderivaten:
Sind Spekulationen mit Rohstoffen zulässig?**

Seminar zur aktuellen Entwicklung im Finanzmarktrecht
in Deutschland und der Schweiz

Martin-Luther-Universität Halle-Wittenberg /
Universität Zürich

Sommersemester 2013

Prof. Dr. Matthias Lehmann und Prof. Dr. Rolf Sethe

Anhang IV.
Beispiel eines Inhaltsverzeichnisses

Inhaltsverzeichnis

A. Begriff der Warenderivate 1
    I.   Derivate 1
    II. Warenderivate 2

B. Motive für den Handel mit Derivaten 3
    I.   Risikoabsicherung bzw. -minderung (Hedging) ... 4
    II. Arbitrage 5
    III. Spekulation (Trading) 5
          1. Kritik an der Spekulation 7
          2. Fazit bezüglich der Rohstoffspekulation 10

C. Die Regulierung von Warenderivaten 10
    I.   Bestehende Regelungen......................... 10
          1. WpHG und MIFID 10
          2. Besonderheiten für OTC-Derivate............ 12
          3. Die differenzierte Regulierung unterschiedlicher Warenderivate 12
    II. Hintergründe für die Reformierung des Derivatehandels 14
    III. Regulierungsmaßnahmen in der EU 15
          1. OTC-Derivate-Verordnung (EMIR) 15
             a) CCP 16
             b) Neues Risikomanagement bei bilateralen Transaktionen 17
             c) Transaktionsregister 18
          2. MIFID II und MIFIR...................... 19
          3. REMIT 20
    IV. Maßnahmen in den USA: Der Dodd-Frank Act.... 21
    V.   Zwischenergebnis zur Regulierung von Warenderivaten.. 22

D. Fazit: Weiterer Regulierungsbedarf? 23

Anhang V.
Beispiel eines Literaturverzeichnisses

Literaturverzeichnis

Aschinger, Gerhard, Börsenkrach und Spekulation: Eine ökonomische Analyse, München 1995.

Assmann, Heinz-Dieter/Schneider, Uwe H. (Hrsg.), Kommentar zum Wertpapierhandelsgesetz, 6. Aufl., Köln 2012.

Boos, Karl-Heinz/Fischer, Reinfrid/Schulte-Mattler, Hermann (Hrsg.), Kommentar zum KWG, 4. Aufl., München 2012.

Braun, Joachim von/Tadesse, Getaw, Global Food Price Volatility and Spikes: An Overview of Costs, Causes and Solutions, ZEF Discussion Papers on Development Policy No. 161, Center for Development, University of Bonn, Bonn 2012.

Buck-Heeb, Petra, Kapitalmarktrecht, 6. Aufl., Heidelberg, Hamburg 2013.

Braithwaite, Joanne P., Private Law and the Public Sector's Central Counterparty Prescription for the Derivatives Markets, http://www.lse.ac.uk/collections/law/wps/WPS2011-02_Braithwaite.pdf (Stand: 2.5.2014.)

Ellenberger, Jürgen/Schäfer, Holger/Clouth, Peter/Lang, Volker (Hrsg.), Praktikerhandbuch Wertpapier- und Derivategeschäft, 4. Aufl., Heidelberg 2011 (zitiert: *Bearbeiter* in ESCL Wertpapiergeschäft-HdB).

Fleckner, Andreas M., Finanztermingeschäfte in Devisen, ZBB 2005, 96-111.

Funke, Susanne/Neubauer, Maik, Reaktion auf die Finanzmarktkrise: REMIT und EMIR als neune Frühwarnsysteme für den Europäischen Energiemarkt, CCZ 2012, 6–12 (1. Teil); 2012, 54–58 (2. Teil).

Grunewald, Barbara/Schlitt, Michael, Einführung in das Kapitalmarktrecht, 3. Aufl., München 2014.

Hachfeld, David/Pohl, Christine/Wiggerthale, Martina, Mit Essen spielt man nicht! Die deutsche Finanzbranche und das Geschäft mit dem Hunger, Oxfam Deutschland 2012, http://www.oxfam.de/sites/www.oxfam.de/files/o_nms_2013_mb_web.pdf (Stand: 20.5.2014).

Hall, Peter von, Warum EMIR den Finanzplatz Deutschland stärkt und trotzdem eine Wettbewerbsverzerrung im Binnenrecht droht, WM 2013, 673–679.

Heppe, Hansjörg/Tielmann, Jörgen, Die Neuerungen des Dodd-Frank Wall Street Reform and Consumer Protection Act, WM 2011, 1883–1893.

Heussinger, Werner H./Klein, Marc/Raum, Wolfgang, Optionsscheine, Optionen und Futures, Heidelberg 2000.

Jobst, Stefan, Börslicher und außerbörslicher Derivatehandel mittels zentraler Gegenpartei, ZBB 2010, 384–400.

Klöhn, Lars, Kapitalmarkt, Spekulation und Behavioral Finance, Berlin 2006.

Köhling, Lambert/Adler, Dominik, Der neue europäische Regulierungsrahmen für OTC-Derivate, WM 2012, 2125–2133 (1. Teil); 2012, 2173–2180 (2. Teil).

Kümpel, Siegfried/Wittig, Arne, Bank- und Kapitalmarktrecht, 4. Aufl., Köln 2011.

Kümpel, Siegfried, Kapitalmarktrecht: Eine Einführung, 3. Aufl., Berlin 2004.

Lehmann, Matthias, Reform der Derivatemärkte – transatlantischer Kampf um Wettbewerbsfähigkeit, Recht der Finanzinstrumente 2011, 300–309.

Lenenbach, Markus, Kapitalmarktrecht und kapitalmarktrelevantes Gesellschaftsrecht, 2. Aufl., Köln 2010.

Litten, Rüdiger/Bell, Matthias, Regulierung von Kreditderivaten im Angesicht der globalen Finanzmarktkrise, BKR 2011, 314–320.

Praschma, Otto Graf, Ethik zwischen Verhaltenskodex und staatlicher Gesetzgebung, in: Kapitalmarkt in Theorie und Praxis, Festschrift zum 50-jährigen Jubiläum der DVFA, Frankfurt a. M. 2010, S. 323–334.

Puderbach, Frank/Zenke, Ines, Der Handel mit Warenderivaten in Europa und Deutschland, BKR 2003, 360–366.

Roberts, Julian, Finanzderivate als Glücksspiel? Aufklärungspflichten der Emittenten, DStR 2010, 1082–1087.

Sanders, Dwight R./Irwin, Scott H., A speculative bubble in commodity future prices? Cross-sectional evidence, Agricultural Economics 41 (2010), 25–32.

Wagner, Claus-Peter, Die Subprime-Krise – vom „Credit-Hype" zur „Risk Mania", Zeitschrift für Internationale Rechnungslegung 2008, 163–170.

Weber, Martin, Die Entwicklung des Kapitalmarktrechts im Jahre 2012, NJW 2013, 275–282.

Zerey, Jean-Claude, Außerbörsliche (OTC) Finanzderivate: Rechtshandbuch, Baden-Baden 2008.

Anhang VI.
Beispiel eines Abkürzungsverzeichnisses

Abkürzungsverzeichnis

BDI   Bundesverband der Deutschen Industrie
FED   Federal Reserve System
GB   Great Britain
ICB   Independet Comission on Banking
NOHC Non-Operating-Holding-Company
OECD Organization for Economic Cooperation and Development
TBS   Trennbankensystem
UBS   Universalbankensystem
UK   United Kingdom

Hinsichtlich der weiteren verwendeten Abkürzungen wird auf *Byrd/Lehmann*, Zitierfibel für Juristen, 2. Aufl. 2016, Anhang II, verwiesen.